我沒錢，所以邊畫畫邊旅行

帶著一支畫筆，一顆開闊的心，勇闖世界

推薦序

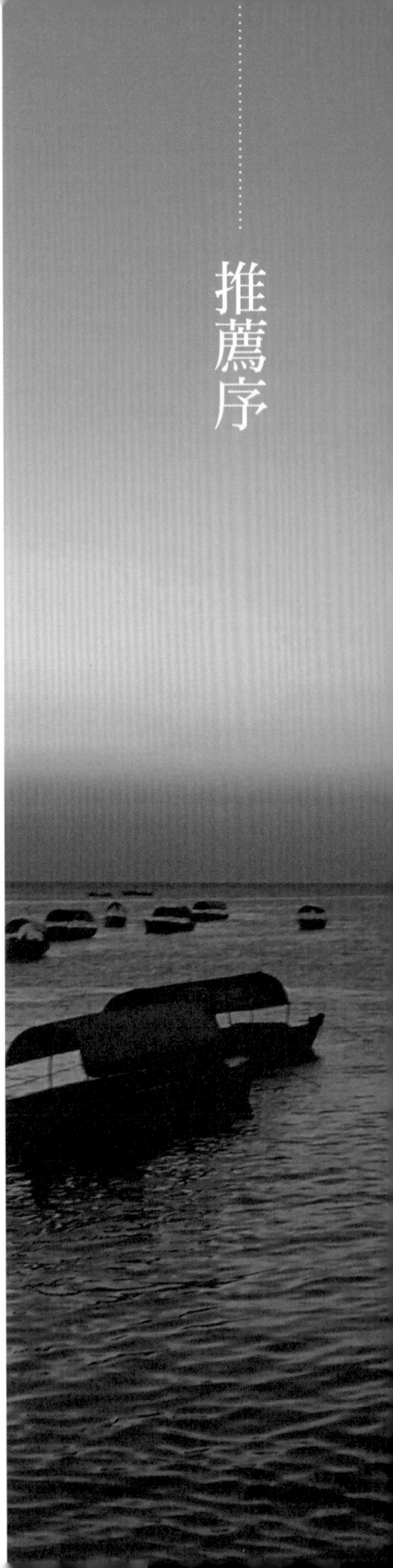

旅行不是萬靈丹，很多人都吃錯藥了。

柔安這些年就嗑了很多，副作用是這本書。

初見柔安在柬埔寨，當時她所提出的問題與眼神，展現出對我們身處的世界、對於自己、對於未來，存在著多如天上繁星的疑問與不解。我忘了當年是如何回答的，總之她畢業之後，帶著裝了畫筆的行囊開始流浪，我知道，她想自己去找答案。

本想拒絕寫序的邀請，因為我似乎是當初給她藥的推手之一，身為藥頭，應該低調。但是，現在她也成為給藥的人了，這樣的轉變讓我覺得，這些年柔安不管嗑了什麼，你都應該也要來一點。

Hank／在柬式符號 擔任流浪狗

旅遊是追求知識的道路，所謂行路多者見識多正是如此。一個二十多歲的小女生，憑藉著插畫的才能和無與倫比的勇氣踏上探索世界這條路，寫下她人生最精采動人的故事。看著書中每一篇的人生際遇，總是讓人感動萬分也自省人生。強力推薦大家這本真誠又有溫度的書籍！

Ronald Hsu／迷路 MIILOOK 旅遊媒體 共同創辦人

翻開這本書不是巧合
是你靈魂出生前的規劃
這本書是宇宙安排給你的禮物
透過柔安的文字，給你現在需要的勇氣與力量。
陳柔安，畫畫旅行家，外星寶寶、光之工作者，看她在地球媽媽流浪的故事。

Sun／鹿耳晚晚早餐

第一次認識柔安是因為旅行，這個女孩天生就適合當個背包客，有時候很佩服她的勇氣，畢竟她是個熱衷在路邊跟人搭訕、願意開啟話匣傾聽的女孩，可能偶爾是為了找人幫忙或是看人家長得帥，總之是個勇氣多到讓人有點困擾的女孩。她藉由畫畫進入一個又一個陌生人的故事之中，用自己的方式行走世界，希望她的故事也能給你一點點勇氣。

安柏／絕地求生背包客

一直認為，旅行最有趣的地方不是景點，而是人跟人之前的互動，一個無聊的地方會因一些有趣的人而變得難忘。

柔安就是這樣的一個人。

他總是在旅程中經歷別人的故事，同時也讓別人進入他的故事中。

翻著書，隨著一頁頁的照片、手繪及隨筆，我彷彿走進柔安與主角們的人生，陪伴、感受、體會著，相信你們也會很喜歡這本書的！

黃大胖／非洲魔術醫生

幾年前和柔安第一次碰面時，他便說著要透過幫人畫肖像賺旅費的方式旅行。當時的我其實有些羨慕，我一直以來都用文字記錄人與故事，她還能揮灑線條與色彩。不過短短幾年時間，她已經走了這麼遠，將這些和她名字一樣——溫柔又堅定的故事和繪畫帶回來。

黃于洋／文字工作者、《路過，這個世界教我的事》作者

遇見柔安是在花蓮鹽寮的手作市集裡，烈日下她靠畫畫遊遍世界，感覺很有故事，於是我硬著頭皮說能否不畫畫而是交換一個動人的故事，柔安答應了。在夏日午後的海邊樹下的大石頭上，她分享動人的親身故事，那是超越了自憐好強不想說英文的自己，逐漸潰堤後發

現：身上那層厚殼，最終只能靠自己突破。

好棒的故事！我望著二十出頭歲的她，覺得不可思議，這麼年輕就有這麼精采的故事可說……。幾年後，當初交換的那筆錢，可以買這本書，而我等不及想繼續看下去。

黃銘正／電影導演

（按字母順序、姓氏筆劃排列）

作者序

旅行的意義

旅行對我的意義，絕對不像陳綺貞那樣，我不是要寄明信片給遠方的男友（事實上我的男友通常都在旅途中認識的），也不是因為愛旅行而夢想成為一個旅行達人。我的旅行是極為刻苦的，但是就算再苦我還是想要走下去，為什麼呢？

種下一顆敢做夢的種子

剛開始寫粉絲專頁時，其實是為了要好好記錄旅行，散播世界的美好給更多人，後來漸漸多了一些人關注，有人開始傳訊息和我說：「我也喜歡畫畫和旅行，謝謝你讓我知道這一切是有可能的！」、「因為聽了你的演講，我報名了去市集擺攤，謝謝你讓我有勇氣踏出第一步！」這一切的一切，都讓我受寵若驚，還有無限的感動。

「要改變世界，就要先改變你自己。」以前看到這句話會覺得只是心靈雞湯，現在才知道這雞湯這麼有效啊！原來要改變世界，你不需要是個多有錢的人、也不用多有名、甚至不用多張揚，默默地做自己該做的事，默默地有人看見了，然後這世界的一點點也就這麼默默地被改變了。

每個人都能在別人心中種下一顆敢做夢的種子，只要你自己先開始做夢，再努力實現這個夢，那麼周圍的人遲早會看見，而骨牌效應就會這麼開始啟動，還有能比這更簡單、更一舉兩得的改變世界的方法嗎？

Feel comfortable for everything

「我想透過旅行達到對任何事都感到舒服的境界」。旅行的第二個意義：「I wanna feel comfortable for everything.」當我在國外時，我是這麼回答的。

每天到處玩，和朋友聊天狂歡，回到家後躺在沙發上吃著洋芋片和爆米花，享受最新一季的影集，隔天再睡到自然醒，你以為我說的是這種舒服嗎？很抱歉，即使我挺想的，但我知道我媽不可能允許我達到這個廢的境界。

我指的舒服是，我希望透過旅行，體驗各種極端的感受，再扎實感受所有發生的事，去找出內心平穩的狀態。

看起來的確是一段白話文中的文言文，容我解釋一下。

在旅行中，我常常會有一些極端的感受，例如在蘇丹時，那一個禮拜我都碰不上會講英文的人，那陣子我體驗了最極端的孤單，當我感受到這股巨大的孤單後，我學著好好「感受」這份孤單，不帶批判的，就只是感受，再慢慢讓內心回到平穩的狀態，這就是我一直在做的練習。

當我在內觀時，學著不去執著，因為萬事都是變化無常的。想起我在阿爾巴尼亞的二手市場裡，我看到一條造型平凡的長項鍊，項鍊正面畫的是一朵紅色楓葉，而背面寫著：「Learn to

Let Go」學會放下，楓葉紅了就代表是時候要凋謝了，為了這句話我立刻決定買下這條項鍊，在後來好長一段時間裡我都戴著它，練習在旅行中時的不斷分離中 Learn to Let Go，因為萬事無常，我只能感受它，然後放下它，讓心慢慢回歸平穩。

《最後 14 堂星期二的課》裡那個因病而即將死去的教授他說：「對一個女人的愛，或失去所愛的人的悲傷，或是我現在所遭受的，因病因死而帶來的恐懼。如果你壓抑情緒，不讓自己完全體驗它，那你就無法不執著，因為你忙著在害怕。你害怕痛苦，你害怕悲傷，你害怕愛會帶來易受傷的心。但你若全心投入這些情緒，讓你自己整個人沒入其中，你就完完全全體驗到它。你就知道什麼是痛苦，你就知道什麼是愛，你就知道什麼是悲傷。唯有如此你才能說：『很好，我體驗到這個情緒了，我認出了這個情緒，現在我需要從中脫身。』」

要達到對任何事都能感到舒服的境界，我想那真的很難，但是旅行能夠讓我遇到許多極端的感受，諸如初到陌生國家的害怕、沒人說話的孤單、和摯友的分離，抑或是再相聚的狂喜。我相信快樂的源頭是來自內心的平靜，我盼望能透過旅行中一次次對於極端感受的練習，讓回到日常生活的我，在面臨各項挑戰下，都能始終擁有一顆平靜的心。

一開始旅行是想脫離舒適圈，旅行久了，發現全世界都成了我的舒適圈，而最後，我希望有顆平靜而強壯的心，打造一個在心中的舒適圈——Feel comfortable for everything。

陳柔安

Roan
2019050

目錄

第一章 關於溫暖，心中掛念的人

第二章 關於衝擊，
親自體驗才能懂的事

第三章 關於收穫，
找到最舒服的 Life Style

前言

關於我為什麼去旅行

以畫筆和故事交朋友

大陸歌手周深有首歌《親愛的旅人啊》是這樣寫的：

就此告別吧 水上的列車就快到站
開往未來的路上 沒有人會再回返
說聲再見吧 就算留戀也不要回頭看
在那大海的彼端 一定有空濛的彼岸

做最溫柔的夢 盛滿世間行色匆匆
在渺茫的時空 在千百萬人之中 聽一聽心聲
一路不斷失去 一生將不斷見證
看過再多風景眼眸如初清澄 愛依舊能讓你動容

親愛的旅人 沒有一條路無風無浪
會有孤獨 會有悲傷 也會有無盡的希望
親愛的旅人 這一程會短暫卻又漫長
而一切終將 匯聚成最充盈的景象
就此告別吧 身後的燈火逐漸暗淡

每個戀家的孩子 都要揚起遠行的帆
說聲再見吧 美好的夢境不會消散
你的愛枕在臂彎 心臟將畢生柔軟

既然相遇是種 來自於時光的饋贈
那麼離別時 也一定要微笑著 回憶放心中
生命無限渺小 卻同樣無限恢弘
你為尋找或是告別耗盡一生 也足夠讓人心動

親愛的旅人 你仍是記憶中的模樣
穿過人群 走過人間 再去往更遠的遠方
你靈魂深處 總要有這樣一個地方
永遠在海面漂蕩 在半空中飛揚
永遠輕盈永遠浪漫 不願下沉不肯下降

歌詞道盡了旅行的浪漫，是我很喜歡的歌，
希望能讓你對旅行有更多想像。

旅行前的轉捩點

我是個幸運的人，在一個幸福的家庭裡成長，求學過程中也沒遇過太多挫折，長得也還算好看（雖然有點太胖了），腦袋也不算太笨，甚至有一點媽寶，其實從小到大我的指甲都是我媽替我剪的，我一直覺得這沒什麼，直到大學時和朋友聊起，我才知道這是荒謬無比的。

大學時期的我是樹懶類型的，對任何事情提不太起幹勁，對於未來沒有太多想法，沒有理想沒有抱負，一切都隨波逐流，直到偶然在校園裡看到「徵海外志工」的海報，報名徵選之後，到了柬埔寨一個月，第一次在街頭作畫，從此愛上旅行。

大學即將畢業，老師推薦給我一份設計工作，我猶豫不決，畢竟一畢業就有工作是多少人夢寐以求的，但我滿腦子就想著要去旅行。

很多同學告訴我：「你就先去工作，存到錢之後再去旅行不就好了嗎？」這些我都懂，但我害怕之後的自己沒辦法這麼坦然，人們都是害怕改變和失去的，我怕我有了工作之後，我會沒辦法孤注一擲地放棄一個月有三萬元的薪水，而去追求極不穩定的未來，我更害怕工作之後，我會忘記自己當初對旅行的熱情。

此生最重要的決定

那天我獨自到了宜蘭輕旅行，我坐在車站的藍色椅子上，看著人來人往，想著未來何去何從。這時我看見了那位一大把年紀的車站長，他和往來的乘客熱情地對話：「咦？阿玲仔今仔日

那唔綴哩來？（咦？你的小孩今天怎麼沒跟著來？）」、「玲孫已經遮爾大漢啊！（你的孩子現在已經這麼大了啊！）」我看著看著，心裡突然一陣感動。

在這個悲歡離合的場合，老車站長一定經歷了很多故事吧？也許是一個爸爸送兒子到車站，拚了命買橘子給兒子的畫面；也許是外地工作的兒女終於回家過年團圓；也許是剛畢業的男孩收到兵單後忐忑地去報到……。

老車站長每天目送人們歸去又歸來。「不用是很厲害的人，但要是個有故事的人。」心中冒出這句話。

這句話說服了我，結束宜蘭之旅，我回到母校中原大學，走進老師辦公室，我告訴她：「我覺得我要去旅行。」我推掉了老師推薦的工作，這是我做過此生最重要的決定。

從老師辦公室走出來的那一刻，我發現我真正一無所有了，我沒有工作、沒有錢、沒有

不用是個多厲害的人
但要是個有故事的人
2017
1011
Rosa

經歷，我以為我會失落，也許會後悔，但我並沒有，我意外地感到輕鬆和踏實。

「因為我沒什麼好失去了，那就只能朝自己最想要的前進了，不是嗎？」站在辦公室門口，我對自己說：「年輕，我除了一身膽量之外，一無所有，但也足矣。」

愛上挑戰自我的成就感

旅行的第一站要回到我的根本——柬埔寨，查了發現來回機票要一萬四千元，於是我決定飛到只要兩千五百元的越南去，坐巴士到柬埔寨，再坐巴士到泰國去，從泰國飛回來也是兩千五百元，我對這個計劃極為滿意，用這麼便宜的價錢去三國，賺到！

出發的前兩天，才發現我的戶頭裡只剩下九千元，我帶著畫具和忐忑不安的心起飛了。

我的第一趟「旅行」，說旅行倒是好聽，事實上是在「挑戰生存」。這一個月裡，我每天早上到處走走，晚上到處擺攤，經歷了摔車、擺攤被趕，還有前所未有的孤獨，我幾乎每天起床後會逼自己再睡一下，為了要省早餐錢；晚上擺完攤後，獨自在暗巷裡走回家祈禱著不要出事，為了省一美金的車費。

一個月過去了，回到台灣後，旅費奇蹟似的還有四千元，也許是過去的人生太順遂了吧，那一個月的旅行，每一日每一刻，都成了我生命中最深刻也最扎實的記憶，我活得像個苦行僧，我愛上了這份挑戰自己的成就感。

從此之後我背上大背包，開始遊走世界各地，用我的畫筆和我的故事交朋友。

第一章

關於溫暖，心中掛念的人

到柬埔寨一個月後，我開始了街頭賣藝的旅行，
途中遇見了主動靠近給予鼓勵的倫敦大男孩，
願意讓出僅剩小房間給陌生人的張大哥，
讓我能夠展開一場又一場的生命交流，體會遺憾與溫暖，
感謝所有美好的機緣，感謝生命中有過你們。

街頭賣藝的起點

參加海外志工一個月後，我發現旅費不夠而想著：是不是能夠畫肖像賺取旅費？於是在街頭擺攤時遇見了親愛的Charlie……

我的生命在二十歲之前都順順地走，就像一層一層的千層蛋糕，疊疊加加，沒有出什麼太大的差錯，直到二〇一四年八月，蛋糕上面被放上了一顆草莓，它才開始有了不同，也許這就是人生的轉捩點吧！

二〇一四年八月，我當時還是個對未來漫無目標、時常遲到、偶爾翹課的平凡大學生。那天我走在學校的教學大樓裡，轉頭一瞥便看到佈告欄上的公告——徵柬埔寨海外志工，那張公告其實沒什麼特別的，但不知道為什麼，我的心強烈地躁動，它在告訴我：「是時候改變了吧？你這平凡無奇的大學生活！」

遞出報名表的那刻起，我開始全心全意打一場心理壓力極大的硬仗，只要是醒著的時候，我腦袋中運轉的都是「如何通過面試」。我對著鏡子演練一次又一次，直到忘了什麼是緊張，最後很幸運的，我在兩百多份報名表中脫穎而出，成為第九屆到柬埔寨服務的中原海外志工隊。

經過半年的培訓後，我帶著一顆忐忑不安的心上路了，心裡隱隱約約知道，這一趟回來後，我就會是一個不一樣的我。

以畫肖像賺取旅費

我在柬埔寨待上一個月，在最後幾天旅費已經所剩不多，即使我知道我可以向隊友借錢，但是在這趟充滿突破性的旅程裡，那個循規蹈矩的我似乎漸漸不見了，我不想選擇這樣了無新意的解決方式，後來我靈機一動想到，也許我可以靠畫肖像賺錢啊！

想到這法子的瞬間像要飛到天上去一樣興奮，但下一秒便開始猶豫，畫得不好怎麼辦？沒人理我怎麼辦？英文不好怎麼辦？被趕走怎麼辦？所有的擔心接踵而來，我幾乎要被自己阻止了。

在想做和擔心之中不停拉扯的我，便遇見志工團裡的一位老師 Kenny 問我：「柔安，你為什麼要這麼擔心呢？」我告訴他所有令我害怕的理由，Kenny 聽了之後笑了笑說：「柔安，你有沒有想過，這件事情你若是成功了，那可能會成為你一輩子重要的養分；但若是失敗了呢？會怎麼樣嗎？」我想了想，沒說話，Kenny 以極其溫柔、像慈父一樣的口吻說：「如果你失敗了，只會損失半個小時而已。」

「你可以用半小時滑手機、半小時睡午覺，如果你用半小時做這件事，會怎麼樣嗎？」Kenny 的這席話像一顆定心丸，我想起了《牧羊少年的奇幻之旅》這本書，裡頭的牧羊人考慮要不要把羊全部賣掉去旅行，他告訴自己：「如果你不把羊賣掉，那你就一輩子都只是個牧羊人。」隨後我告訴自己：「如果你不去做，那你就會再變回那個自己不太喜歡的平凡大學生。」

我用麥克筆在攤板上寫下：「Earn money for traveling,1 pianting 2 US$」，我希望這趟旅行結束時，我不會再是以前的樣子，我希望我收穫的不只是海外志工給我的，還有我給自己的。

Earn Money
For Traveling
1 picture 2 U$
adidas
L'OREAL

第一位親切的客人

隔天，我在一間轉角的超商前擺上了板子，鼓起勇氣和經過的外國人說著破爛英文，卻不斷被拒絕，有人說：「抱歉，我沒帶錢！」另一個說：「我很忙喔！對不起。」在頻頻遭拒之後，我幾乎喪失了所有的自信心，沮喪地坐在一旁的公共座椅上發愁。

「嘿！你在幹嘛？」有一隻手拍拍我的肩，我轉頭一看，是位金色短髮、身材瘦高的外國人，他原本坐在不遠處看書，我想可能是覺得我太吵了，所以他才好奇來問我的吧！

我支支吾吾地和他說我想要靠畫肖像賺錢，沒想到他竟然一秒也沒有猶豫地說：「那就讓我試試看吧！」我看著他藍色的眼睛，興奮地對著他大喊：「啊？真的嗎？你是我第一個客人！那我要免費畫一張送給你！」我笑得像被給了一顆糖的天真小孩。

他是來自倫敦的 Charlie，是個親切的大男孩，他笑起來很甜，像是全世界的蝴蝶都想停在他嘴上似的。

我一手握著黑色原子筆、另一手抓著圖畫紙，專注地想要好好畫出他的樣子，但卻發現我連一條直線都畫不穩，我的手緊張地不停顫抖，他只是看著我露出他的招牌笑容，叫我不要緊張、慢慢來，接著和我閒聊他的旅行：「我是 Charlie，剛剛到柬埔寨，我接下來要去泰國、馬來西亞……」隨著他的話語，我漸漸不再緊張，一筆一筆慢慢畫下 Charlie。

一張畫讓生命有了交流

在被一連串的拒絕之後，只有他一個人願意相信我這個看似年輕又魯莽的學生，在整個作畫的二十分鐘裡，我無法平復內心的感動，最後我在畫紙上寫下：「I'm so lucky to meet you! Thank you very much!」

我忐忑地把畫紙交給 Charlie，他一接過畫紙便笑了出來，他說他很喜歡，端詳了一陣子，接著把畫放進了他剛剛在看的書裡頭，眼睛瞇了起來，笑著對我說：「以後這張畫就會是我的書籤了，我之後看到它，就會想到你，還有在柬埔寨發生的一切。」他從皮夾裡掏出兩塊美金硬塞給我，說是我應得的，我興奮得笑到嘴都快裂開了，這是我第一次靠自己的畫賺到的第一筆錢，我不斷向他點頭道謝。（那兩美金現在依然壓在我的桌墊下面，時時提醒著我這段相遇。）

在那一瞬間，我才知道原來肖像畫可以不只是一張畫，還能帶給人一些力量；而街頭賣藝不該只是一場交易，它是生命的交流、是回憶的載體；它讓原本只是兩條平行線的人們出現交集，有更多可能性，也因此，之後我在畫畫時一定會和客人聊天，並寫一句話在上面，這些都是因為遇見親愛的 Charlie。

感謝 Charlie，感謝這個也許從此不會再見面，卻改變了我一生的過客。

感謝幾年前沒有退縮的自己，才有今天能遇見更多故事的我。

最想再見一面的人

我們幾個人為了要搭一整天的便車而早起，幸運地坐上一輛藍色小卡車，卻開啟一段溫暖又痛心的旅程。

要是問我這幾年來的旅行裡，最後悔的一件事，我總是毫不猶豫地想起一個人，張大哥。

這是一個很長卻總是讓我痛心的故事。

那天，天還沒亮的清晨，我和路上認識的三位旅伴，一起走在敦煌的街頭，一口口嗑著剛買的豆漿油條，我們特意早起是為了要搭一整天的便車，若是幸運，期盼今天就可以到達遠在一千公里外的新疆——烏魯木齊。

到了公路上，大拇指高高舉著，一輛又一輛車呼嘯而過，彷彿我們幾個人只是沙漠中的海市蜃樓，如鬼魂一般虛渺不存在。我背著沉甸甸的土黃色大背包，邊走邊攔車，過了好久好久，終於有一輛藍色小卡車停了下來。

卡車上的就是張大哥，當時他是停在我面前的，後來他告訴我因為我看起來特別乖巧。其他三個旅伴看到有車停了，也紛紛朝著我跑來，張大哥也沒說什麼，笑著接納了我們四個，也害得他的車更沉了不少。

張大哥，河南人，年紀有五十多，頭髮發白了，歲月也在他臉上留了深刻的記號。他說話有些啞啞的，河南腔特別重，有時候會聽不太懂，一問之下才知道，張大哥是要到烏魯木齊的，我

們一聽興奮地大喊。

二十小時的番薯之旅

這是一段辛苦漫長之路，若是快一點的車，一千公里最多要開十二個小時，但是張大哥的卡車老了，加上因為卡車上載著滿滿番薯，所以在過檢查站時要被盤問很久。張大哥說他這是把河南的番薯載到新疆去賣，價錢可以高上三倍，他笑呵呵地得意的樣子，像個即將凱旋而歸的戰士。

在卡車上我們有滿滿的時間可以交談，我們問他，他的兒女呢？他只是簡單地說他們都大了，有自己的生活，令我難過的是，張大哥卻也沒提兒女們怎麼照顧他的生活。看著張大哥穿著舊舊的棉襖，一個人住在烏魯木齊，開著一輛馬達很不給力的卡車，我們知道他是辛苦的農民工，生活過得不是太好。到了休息站時，我們讓張大哥盡量點他想吃的，我們替他付錢，張大哥靦腆地笑著頻頻答謝，但其實是我們該好好謝謝他。

從日出到日落、日落到黑夜、黑夜又到了半夜，經過草原荒地和沙漠，我們四個人輪流陪張大哥聊天，而張大哥卻是整整開了近二十個小時的車，一點兒盹也沒打。印象中他就是一直撐著，笑著叫我們趕快去睡，還說到家之後我們可以睡他家，我們很感激他，在心裡默默想著自己是何其幸運才能搭上他的車。

簡陋房間裡的善意

凌晨四點，我們好不容易到了位在烏魯木齊的張大哥家門口。烏黑的天空壓得讓人更加疲累，張大哥領著我們進他家，拖著一身的疲倦走進一個四方的院子。院子邊上有好幾間房，張大哥打開了角落那間房門，我們探頭一看，發現這是一間很小的房間，地上堆滿了雜物和一些廢鐵。硬要說稱得上家具的東西，只有一張椅子、一張桌子，和一張上下鋪的床，上鋪已經被日常的雜物堆滿了，下鋪正是張大哥的床。

張大哥不好意思地指著他的床說：「來呀，你們快睡吧，一定累壞了！」我們四人面面相覷，就在此時，張大哥快步走出門，上了他的卡車，這時我們才突然明白，張大哥要把自己的家讓給我們，自己睡到車上去了！我們四個趕緊衝出他的家，敲了敲他的車門，再把他拉下車、推到房裡，我們像一隻隻小老鼠一樣趕緊溜上他的卡車，把車門反鎖，張大哥焦急地跑了出來，試圖打開門車門讓我們進屋裡睡，但我們不肯，他也只好放棄了。

烏魯木齊的冬天冷得像冰箱，那個晚上睡得很不好，零下的氣溫讓我們每一個呼吸都像探頭進冰箱，車內擠得讓我們只能趴坐，過了兩、三個小時，陽光把我們刺醒了。

錯過的再見

一樣是很早的早晨，明明只過了一天，卻像是一整個星期。

我們帶張大哥去吃早餐，一直要他多吃一些，我們付錢別擔心，後來我畫了幅肖像送給他，這是我能給他最後的謝禮了，雖然與他為我們做的事相比，實在相差太遠了。我們承諾下次回烏魯木齊會再來找他，之後便依依不捨地離開這慈祥、無私又溫暖的長者。

後來我們去了南疆喀什待了一陣子，同行的兩位友人要先離開了，他們回到了烏魯木齊，又找了張大哥一次，這些故事是他們後來告訴我的：

「我們去找張大哥那天，他特意從一個很遠的市場開了六個小時回來迎接我們，他以為你也一起回來了，但你沒有，他看起來有點失望，我們也很對不起他，他特地為了我們回來，就沒法在市場賣他的番薯了，聽說番薯也賣得不好，他損失了一筆錢，再拖下去番薯都要壞了……我們看到張大哥的房門上夾著催繳房租的帳單，桌上也有電話費的帳單，我們最後給了張大哥五十元人民幣，謝謝他對我們的照顧，但現在想起來，覺得真的給好少……如果你回烏魯木齊，一定要再去找張大哥。」聽他們一說完，我鼻頭一酸，我是答應了，只是我真的開始懷疑，張大哥遇見我們是不是他的不幸？

又過了好些日子，那段時間我過得非常充實，認識了很多新疆朋友，還穿越了塔克拉瑪干沙漠，對張大哥的承諾也一點一滴地隨日子流失了，等我再重新回到烏魯木齊，已經是一個多月後的事了。

一念之間的選擇

在心裡我還是惦記著張大哥的，只不過當時的四個人剩兩個人，而我之外的另一個朋友是不願意再找張大哥的了，她有她的理由，可能是怕見面尷尬或是再給他添麻煩吧？但我的理由是，因為她不和我去，我一個人去好像也不太方便，於是這事就這麼作罷了。

這事就像平時在十字路口闖黃燈那樣，有一點點的猶豫和不甘願，但是做了也就算了，若是被開罰單或出車禍之後再來後悔吧！只是一念之間，其實沒什麼的。

但真的沒什麼嗎？

那趟我在中國走了三個多月，我給自己一個約定，在離開中國的前一天，電話卡拔掉之前，我要再打給張大哥，和他說我要回台灣了，再好好和他聊聊天、好好感謝他。

隔天一早我就要搭飛機離開中國了。那天晚上十點多，我走在昆明的大街上，車不是很多，下著絲絲細雨，整個城市霓虹閃閃，如馬上要蒸發似的幻影，我撥了那個好久沒撥的電話號碼，期待再次聽見那微啞的嗓音和很重的河南腔，但誰能料到電話那頭傳來的是：「您撥的號碼已被停用，請查明後再撥，謝謝……」

我的記憶倒轉回朋友當時說，張大哥桌上有未繳的電話帳單，那一瞬間我才知道，一念之間的選擇導致終生無法再見，我該如何再對他說出心中的感謝？我還能怎麼把滿滿的歉意和他說？

在新疆的嚴冬中，能遇見張大哥這顆暖陽，我們真的很幸運！
2016
11.18

是的，他是一個沒有錢的農民工，但他的心卻高尚地讓我羞愧，我恨自己想避免獨自找他的尷尬，而導致一輩子再也無法好好對他說出那句謝謝，謝謝他對只是陌生人的我們付出那麼多。

臉頰有雨有淚，看著夜晚的昆明燈火闌珊，我只想馬上回到烏魯木齊那棟舊房子，告訴張大哥：「對不起，我應該回來看你的，對不起。」

◇最後想說

最後，希望這本書出版的那一刻，這個故事能被傳送到他的耳邊，讓他知道我其實一直後悔著，也一直感謝著他，更希望能透過這本書，讓我和他再見一面，這次我是絕對不會退縮的了。

像月光的你們

收拾攤位時，兩位女孩熱情邀請我一同旅行，明明我們的旅行模式截然不同，卻依然感受到無比的溫暖……

在西安的日子，其實過得有些吃力，有時候遇上了城管，那就是一場貓追老鼠的遊戲了，一點兒也不好玩。

有一回，城管抓得特別勤快，我一個晚上東奔西跑換了五個地方，換到最後我受不了，對著城管喊：「我就想賺一些錢去旅行，難道不行嗎？」兩行淚硬生生地流下來，我自己嚇到了，城管也嚇到了，他怯怯然地說：「可以，但要到我們看不到的地方。」說完便離開了。我一個人慢吞吞地收攤，這時身後有一個人走近，說：「你不要難過，我覺得你很棒、很勇敢。」我看了他一眼，是剛剛圍觀的人，但我卻連謝謝也說不出口，此刻的無奈已經大過一切，這句誇讚只有被失落掩埋的份。

過幾天，我一樣在燈光閃閃的鐘樓旁擺攤，來往的遊客讓我生意不錯，但此時兩隻巨獸——城管又悄悄朝我走來，我也只好乖乖收攤，當時圍著我的客人都覺得可惜，但也沒有人可以改變些什麼。

對外人無微不至的照顧

提起所有行囊要離開時，有兩個女生叫住我：「我們也是台灣人呢！剛剛看到你在這裡擺攤好驚訝！」接著他們邀請我到他們的住處聊天，就在鐘樓旁最高級的鐘樓大飯店，他們說目前在河南工作，這幾天趁著連假來西安玩玩，還熱情地邀請我和他們一起旅行，我受寵若驚地答應了。

隔天到了他們住的鐘樓大飯店，才想到我們的旅行模式截然不同，他們也意識到了，卻毫不在意，雖然說是毫不在意，但其實他們是為了要幫我吧！他們開車載我到處跑；當我盯著每頓大餐的菜單猶豫很久時，他們要我不用擔心，他們請客，甚至告訴我他們房裡還有一個空床位，讓我安心住下來，買水替我多買一瓶、買糖葫蘆替我多買一串、看到路人搞笑的穿著我們一起大笑、遇上看不順眼的中國人就一起說台語調侃、參訪博物館時一同分享看到兵馬俑的震撼感受。

他們的一舉一動，從不把我當成外人的細心照顧，才短短三天，讓我在孤身飄蕩的旅程中，有了一個溫暖的歸屬，這是旅行中可以遇見最幸福的事了。

那天傍晚，夜空異常明亮，我們結束了西安省會博物館的行程，滿月照亮我們疲累的身影，而離別時刻也悄悄朝我們靠近。這是我們相處的最後一天，他們領著我到一家高級餐館，我心裡愈來愈過不去，總是暗自感到慚愧，我究竟何德何能一直受到幫助？我怎麼可以讓他們一直對我視如己出？「這樣不行，不能讓他們一直請我吃飯。」我在心中對自己說。

有能力時記得給予幫助

結帳時我把自己的餐費掏出來，想趕在她接近收銀台前遞上去，她把錢推回給我，並溫柔地看著我，她說了一個故事：

「柔安，你知道嗎？我一開始到河南工作時很不順利，因為文化和習慣的不同而導致隔閡，很多事都頻頻出錯，但是欣慰的是，當時我遇到了一個對我很好的主管，他一直幫助我，我心存感激，卻也覺得很抱歉，一直給他添麻煩。」她看著我的眼睛慢慢地說，而我不知道為什麼她要突然對我說起這段往事。「我記得那天，我的主管又幫了我一個大忙，我特別慚愧，對主管感到抱歉，這時候他和我說了一段話：『你知道嗎？我幫助你不是為了讓你感到抱歉，而是要你記得，在你之後有能力時，要幫助那些需要幫助的人，那樣就夠了。』」她看著我的眼睛，聲音溫柔地像媽媽唱的床邊歌曲，握著我的手，而我的手裡還捏著我的餐費：「所以，這些錢你自己收著吧！

你旅行賺錢很辛苦，還要走更長更遠，而我們只是想用自己的方式支持你，你之後有機會要記得幫助更多需要幫助的人，那就夠了。」她說完後推推我的手，要我把錢收起來，並給我一個溫暖的微笑，接著就自顧自的到收銀台前把帳都結了。

將感謝延續下去

我永遠記得那個晚上，我們在西安一個很大的公園裡分別，他們離開後，我獨自坐在公園草地上看著月亮。

我想起看過的一個影集《行善摩托車日記》，那是一部真人紀錄影集，主角藉由人們的良善環遊世界。他在街上四處找尋願意給他食物、住宿或是免費替他的車加油的人，接著會與那些幫助他的人深談，進一步明白他們為何如此善良，也發現他們面臨到生活上的某些困境，並回饋給這些幫助他的人，而這些回饋甚至得以改變他們的一生，這部影集讓我看見了這世界因為有良善和感謝，而帶來正面的蝴蝶效應。

遇到他們之後，我才徹底了解，他們幫助我，不是為了讓我感到抱歉，因為抱歉對這世界沒有任何幫助。他們要我存著這些感謝，再去幫助更多需要求助的人，如此感謝才能一直延續下去，世界才會因此而更加美好。

那天晚上，我睡得很好，心底暖暖的，因為遇到了他們，像月光一樣照亮黑夜的他們。

蒙族大哥的祝福

到內蒙古時身上已經沒有人民幣了，所幸遇上蒙族大哥願意載我一程，想好好畫一幅圖感謝他，他卻始終未再出現……

那天晚上，所有景色都透過淚水的濾鏡模糊得不成樣子，眼中有無限的淚水，像傾盆大雨不斷落下，我止不住，真的止不住。

七月末，太陽正豔，搭上長途火車從蒙古國回到了中國的內蒙古，我看著窗外的景色從都市、草原、轉換成沙漠，十幾個小時後我終於到了邊境城市——二連浩特。在去蒙古之前已經到過內蒙古，但是身上沒有留下半點人民幣，於是我舉起右手大拇指，想要搭便車到內蒙古省會——呼和浩特，大約要六小時的車程。

我背上將近十公斤的大背包，在豔陽下顯得更沉了，一台台車從我身旁呼嘯而過，還有些車子甚至一看見我就變換到離我更遠的車道，搞得我心慌。日正當中的酷刑維持了半小時左右，接著有一台白色車子停在我面前，車身被泥土濺得滿是泥濘，我猜想他是剛從草原回來的。

窗戶搖下，裡頭有個平頭的大哥正在講電話，我耐心地等他，心想他該不會是為了講電話而停車吧？心裡有點不安，十幾秒過去，他把電話放下，我問：「大哥你好，我想要到呼和浩特市，請問你順路載我一程嗎？」他沒多看我就揮著手說：「上來吧！」

六小時裡產生濃厚友情

一開始想著看似粗獷的大哥是不是不好相處呢？沒想到他對陌生人有點害羞。他是蒙族人，在內蒙古遇上蒙古人不算容易，七成還是漢人為主，因此我覺得自己很幸運，能在剛離開蒙古後遇到蒙族人，我和他說說我學會的幾句蒙語，還能聊上許多蒙古的人文風情，就像是離開那片草原國度之後的總複習，我特別投入也很珍惜。

六個小時的車程，我們有聊不完的話題，我說我在蒙古草原找到了三具羊頭骨，辛苦扛著重達近五公斤的頭骨一整路，就希望能帶回家掛上牆壁，卻被中國海關全部沒收，我欲哭無淚。他笑著和我說，頭骨他家有一堆，下次寄到台灣給我；他還說他有個六歲的小公主，驕傲拿起手機遞給我，桌面是個可愛的小女孩，穿著傳統的蒙服，對著鏡頭靦腆地笑著，的確是個小美人兒，他甚至要我下次到蒙古要找他，他認識好多蒙古朋友可以帶我出去玩。

我和這位大哥的感情就像疊疊樂，在六個小時的車程中愈疊愈高，也愈來愈堅固，到了呼和浩特時我有些捨不得，下車前我告訴他，我晚上會在百貨公司前的步行街擺攤，請他一定要來，我給他免費畫一張像。

「那可不行，錢是一定要給你的！」他著急地說，邊說邊搖著手。

「不行！你載我這麼大一程，這是我一定要給你的答謝，就別推託了！」我說完後依依不捨地闔上車門，看著這台滿是泥濘的白車離我越來越遠。

帶來驚喜的含羞草女孩

晚上我走到百貨公司步行街前開始擺設攤位，發了微信給他並拍下擺攤位置，請他務必來一趟，那天晚上特別漫長，不是沒有客人，而是因為一直在等他來，最後卻沒等到，我有些失望。

第二天晚上是我待在內蒙的最後一天，我又發了微信告訴他，希望他能出現，讓我好好謝謝他。「拜託，希望能在離開前，再好好見一面。」我在微信裡和他說。

漫漫長夜，長夜漫漫，結果，他還是沒來。

這次背上大背包覺得步伐更沉重了，裡頭裝了更多的遺憾。在離開內蒙前往北京的夜車上，我又發了微信給他：「我離開內蒙要去北京了，雖然你最後還是沒有出現，但真的很感謝你載我一程，遇到你真的很幸運，希望之後還有機會見面，一切保重！」當我按下送出鍵時，心裡感到沮喪也有點氣憤，為什麼不來呢？不想再見嗎？我是這麼地珍惜且寶貴這段緣分啊！

他回覆地很快，我一看到訊息說不出話，所有景色都透過淚水的濾鏡模糊得不成樣子，像傾盆大雨不斷落下，我止不住，真的止不住。

「加油加油，希望你也一切順利，還有就是謝謝你給我孩子畫的畫，她非常喜歡！」他接著傳來他孩子拿著肖像畫的照片，是「我畫的肖像畫」。

是她！我剛剛畫到的小女孩！

以最美好的方式道別

她是我第二天晚上的第一位客人，是一個長得非常標緻的小女孩。她穿著一件鵝黃色小洋裝，上面點綴著綠色點點，有一點害羞。我溫柔地與她說話：「你叫什麼名字？」她依舊頭低低，微微笑著：「我是阿依達，是蒙語裡星星的意思。」多美的名字啊！就像眼前這位小女孩給我的感覺，靜靜地閃耀著小小的光，又像一朵含羞草，微微地散發獨特的氣質。

畫好之後，她遞給我一百元人民幣，當我要找給她八十元時，她卻搖搖頭說不用找了，我不明白地問：「為什麼不用呢？你的爸爸媽媽呢？」她手上緊緊捏著這幅肖像，臉上笑容滿溢地說：「我爸爸媽媽去吃飯了，這是他們要我給你的。」我又驚又喜地收下了她的心意，摸摸她紮起的小辮子頭，笑著謝謝她。

原來阿依達就是大哥的女兒！我氣自己竟然沒有想起這之間的關聯性，都是蒙族人，還有手機桌面的照片，我的眼淚一直流一直流，模糊視線，卻清楚感受了他傳達的心意。

最後他又再次地，以不露面的方式默默地幫助了我，他知道如果親自給錢，我一定不會收，他用他覺得最好也最美的方式向我道別，我還一個人傻傻地生氣他沒出現，但其實他一直都在，一直看著我，默默地看著我、幫助我。

好多人問我：「邊畫畫邊旅行真的行得通嗎？」我想說的是，如果沒有在旅途中遇到這些心好美的人，那還真的行不通。因為有他們，我才能夠安安穩穩地走到現在。

我的眼淚止不住，感謝也止不住。謝謝，謝謝！

親愛的阿依達
願你的生命和星星一樣
不會閃耀的太刺眼
但卻時
時發著光
不被隱蔽
不被忽略
2016.
0618.

有故事的人 Mr.Shee

我到了一個聽說驢子比人還多的小島上，還與一位當地的中年大叔變成好朋友，他告訴我好多關於這座小島的迷人故事……

「你看，那隻驢子永遠都豎起耳朵，望向海洋，牠喜歡海。」Shee 先生說。

在肯亞東北方的拉穆（LAMU）小島上，我和 Shee 一起走在海岸邊，太陽已經下山了，黃色路燈把我們的影子拉得好長好長，Shee 指著前面的那隻驢子說：「因為牠是隻喜歡海的驢子，平靜的驢子。」

我看了看那隻驢子，牠面向海洋，一動也不動，眼睛眨啊眨的，好像看到了海的盡頭，「你真的很了解驢子呢！」我笑了笑對 Shee 說，一邊替這隻驢子拍上幾張情境照。

「當然！拉穆可是我生活了四十幾年的家，我了解這裡的一切，每一隻驢子、每一隻貓、每一個人。」Shee 叼起一根廉價的菸，得意地笑著，眼睛閃著路燈反射的黃光。

Mr.Shee，一位年近五十的中年大叔，身材高瘦，身上永遠穿著明顯大於他身型的淺色襯衫和灰黑色西裝長褲，配上咖啡色皮製涼鞋，頭髮開始泛白，牙齒掉了幾顆，笑起來格外親切。

令人信賴的掮客

我和 Shee 是在拉穆的碼頭邊認識的。

初到肯亞的幾天，我和在青旅認識的朋友聊天，他說：「你知道嗎？肯亞有個小島叫做拉穆，島上沒有什麼汽車，全部都是驢子！」聽了這番話後，我知道我一定得上島，拚了老命也得去瞧瞧，即使我知道它距離現在正動亂中的索馬利亞很近，可能還有一些危險。

那天我揹上大包包，從肯亞東邊的大城市蒙巴薩（Mombasa）跳上巴士。肯亞軍人為了確認是否有索馬利亞的叛亂分子，所以我在途中經過了層層安檢，好不容易到了碼頭已經是十四個小時以後了，灰頭土臉的我再換上小船，終於到了心目中最純淨的地方——拉穆島。

上了碼頭，那個瘦高的大叔主動走來替我拿包包，即使我知道這是觀光區普遍出現的掮客，但不知為何，他臉上被歲月刻畫出的紋路與那雙笑咪咪的雙眼，讓我知道這個人是可信賴的。他接過我的包包，問了我的旅館名字，我便跟著他越過一條一條的迷宮，那是我對拉穆的第一印象，斑駁的穆斯林老建築配上窄小而錯綜複雜的小巷子，巷子和印度的瓦拉納西有幾分相似，差別在於這兒人們都頭戴伊斯蘭白色小圓帽，臉上掛著微笑。

「溫暖和睦而沉著」，這是我給拉穆的形容詞。

與動物關係緊密的地方

到了旅館，Shee 和老闆親暱地打了聲招呼，他們看起來是極好的朋友。Shee 在門口等我安頓好，問我明天要不要參加帆船之旅，要二十美金，我說我再考慮看看，他沒有繼續推銷，只是一樣泰然自若地帶著微笑，說要帶我逛逛拉穆，自由付款。

那個下午我隨著 Shee 走遍了拉穆市區，經過了一隻又一隻數也數不清的驢子，他告訴我拉穆的一切。

「這裡為什麼那麼多驢子？」我問。

「因為拉穆很小，巷子又很多，根本不需要車子啊！全島上只有兩台車子，大家都騎驢子到處跑，還可以運貨，有驢子不就夠了嗎？」他說，我突然覺得我們現代人引以為傲的科技，在這裡彷彿只是畫蛇添足的產物。

我們經過了一間藍色圍牆的矮平房，他指著裡頭說：「你看！」那兒有一群受傷的驢子，他說這裡是「Donkey Hospital（驢子醫院）」。拉穆的驢子是人的五倍之多，相當於一個人就有五頭驢，建這間驢子醫院是必須的，拉穆人跑驢子醫院的次數比人的醫院還頻繁。除此之外，附近還有一間「Dog and Cat Hospital（狗和貓醫院）」，看得出拉穆這小地方和動物的關係非常緊密，我開始覺得這小地方真可愛。

沒有現代科技也很快樂

第一天的拉穆遊覽很愉快也瞭解了很多，不過Shee在過程中偶爾會提到曾經有遊客出手很大方給了他不少小費之類的事，讓我對他還是有些心存芥蒂，這段時間在非洲已經遭遇太多次被當做人肉提款機的經驗，常常用真心交朋友，卻發現對方對你好的實質目的是要你的錢，這種感覺很不好受。

那晚我在電話中和土耳其朋友談起這件事：「到非洲之後，我變得越來越不知道怎麼相信人，我不喜歡這樣的自己，好像一開始在旅行中學到的信任，卻在非洲被丟失了。」我有些沮喪。

朋友在電話那頭耐心地聽，後來溫柔地對我說：「我懂你的感覺，但你要知道，需要錢的人不等於是壞人，他們只是需要錢而已。」聽完之後，我忍不住窩在旅館的白色被窩中，蜷曲成蛹狀，小聲地說，「是啊……是啊，他們不過是需要錢而已……」這話成了讓我解脫的一方解藥。

隔天我參加了帆船之旅，認識了拉穆的海上男兒，他們在出航時會一齊唱歌，吃完飯後會坐在一起圍成一圈，用水桶、雙手、碗和筷子打節奏繼續唱歌、笑得豪邁。我從拉穆的人們笑容中總會隱隱感受到一股曠達與樂天，他們不用汽車因為有驢子、不用馬達船因為有帆船、不用鼓因為有水桶，他們活得自在瀟灑，以身為拉穆人為傲。

「Because we're from Lamu!」他們唱完民謠中最後一句話後大聲歡呼，接著大家鼓掌叫好，是完美的 Ending。在拉穆人的生活

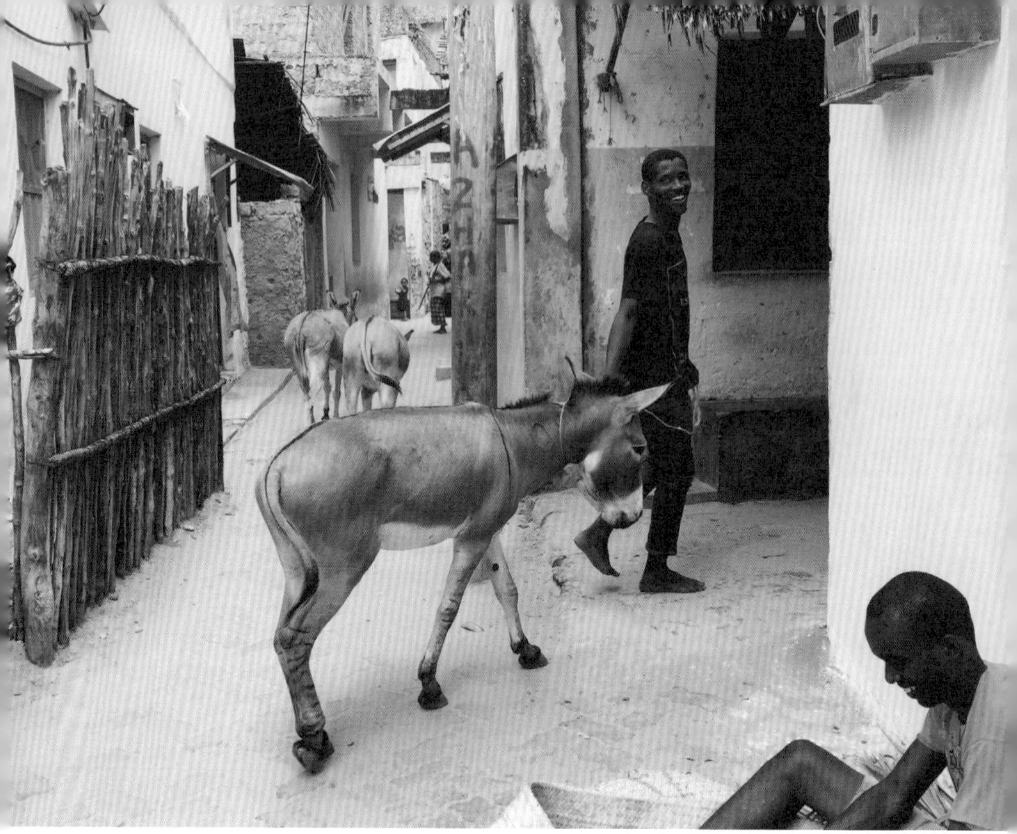

中，離不開的是海洋、動物以及音樂，而現代科技並不是必要的，因為他們已經知足了。

翹家的驢子

帆船之旅回程時，我看見 Shee 在岸邊等我，他在晃動的甲板上接住站不穩的我，扶我上岸。我們愜意地走在海岸邊上，這時天空已經悄悄由藍轉橙、再由橙轉紫，他看了看手錶：「現在晚上七點了，路上的驢子是不是少了？」我這才發現街道比以往寧靜很多，少了牽驢人嚷嚷著借過，以及驢子此起彼落的叫聲。

「七點過後驢子就下班了，牠們都會回家休息，但是啊，如果你現在還在路上看到驢子，就代表他們是『翹家的驢子』！可能因為他們比較懶惰，或是主人給他們太累的工作，驢子就會故意不回家，在路上遊蕩。」他無所謂地說，我卻笑到肚子痛：「你說牠們翹家？哈哈！那牠們肚子餓了怎麼辦？」我覺得很好笑，他看到我反應這麼大，回答得可起勁了：「牠們有的會趁主人不在時偷跑回家吃飯啊！吃飽再跑出來！有的就直接吃路上賣相不好被丟掉的菜，驢子很聰明的！」我被他逗得哈哈大笑。

那隻看海的驢子，就是其中一隻翹家的驢子。

後來我們又看見一對驢母子，Shee 說牠們感情很好，有驢子媽媽的地方就一定會看到小驢子，反之亦然，此時我看見驢媽媽正用臉輕撫孩子的背，那瞬間讓已經出國好一陣子的我突然很想念媽媽。

「在拉穆，驢子就像人一樣。」他說。

辭去夢幻的潛水員工作

我們又一起漫步一陣子，沒有驢子叫的吵雜聲，取而代之的是規律的浪濤聲，Shee 說起自己的故事。

「在幾年前，我還不是一名導覽員時，我做過一陣子人人稱羨的工作——潛水員，那對拉穆人來說是個薪水高、工時短的夢幻工作，主要是要潛到水底趕魚群到網子裡，或是去打撈珍貴稀

少的魚類，再賣給餐廳。」

「聽起來很棒！每天可以有一段時間在海裡，聽自己的呼吸聲。」我想起在埃及時潛水的時光，那是段美好的記憶。

「是啊！我也很喜歡在海裡，那時候感覺和自己很貼近，但過了不久我就離開了。」他轉頭看了看我，眼神轉為黯淡。

「為什麼？你不喜歡這個工作了嗎？」我激動地問。

「沒有，我還是很喜歡，到現在也一樣。不過因為後來發生了一件事……」Shee 停頓了一下。

「什麼？」

「有一天，我和我的潛伴一起下水，我們分別找魚群，但我一轉過頭他卻不見了，我在海裡找了很久，後來浮上水面，終於看到他了，可是……」Shee 吞了口口水，「可是，只剩下他的上半身……海面上都是鮮紅色的……」他面無表情地說完這段話，我吃驚地看著 Shee，我不確定他是在壓抑自己、逃避情緒，還是真的放下了。

Shee 點了一支菸，吸了一口：「你知道嗎？從那時候我才知道原來鯊魚吃人會先吃一半，另一半會等咬完再繼續吃。」Shee 笑了兩聲，但我們都知道這笑聲不代表有趣，而是無限的無奈。

Shee 繼續說：「那天晚上，我躺在床上一整夜，眼睛沒闔起來過，一直看著天花板，那天的夜好漫長，就像過了一世紀一樣。」我拍拍他的肩膀，他也回拍我兩下，示意他沒事，「隔天一早，我就到公司去，告訴他們我不幹了，他們用各種好處強留我，我只是淡淡地留下一句：『用再好的條件、再多的錢，也不比我的性命來得重要。』說完後就離開公司了。」他聳了聳肩。

「你做了一個對的選擇。」我說。

「是啊！要是沒命了，有錢有什麼用呢？從那天起我才真正懂得，活著就是最大的幸福。」他對我微微笑，我也是。

那個時候我們望著滿天星空，風徐徐吹來很舒服，能好好活著真好。

漸漸變得熟稔的情誼

走得累了，我和 Shee 肩並肩地坐在岸邊的石頭上，看著海上一點點白光，那是夜晚捕魚的船，有一陣無聲的靜默，他又點起一支菸，突然說：「Roann，我真不希望你離開，如果你走了我一定會覺得很無聊。」我看了 Shee 一眼，他還是望著海面，就像那隻平靜的驢子一樣。

「我以為遊客很多，你不會無聊的。」我對他說。

「那不一樣，遊客來來去去，我對他們的導覽只是工作，但是我真的已經很久沒有遇到你這樣的人，能說那麼多心底話的人。」他又大口地抽了一口菸：「像是真正的朋友一樣。」他看了我一眼。

「我們的確是朋友啊！」我用左肩用力地撞了一下他的右肩，他隨後也撞回來，接著我們相視大笑。

那天晚上回到旅館，我一樣蜷曲在被窩裡，但我是笑著睡著的，原來Shee和那些只想在我身上取到好處的人們不一樣，他是真的把我當朋友，我交到拉穆的第一個好朋友。

往後的兩天，我和他總在日落之後相約散步，和他在一起總是能聽到很多讓下巴往下掉的精采故事，他是個真正有故事的人。

那天他指著前方的海灘說：「我告訴你，就我的觀察啊，最喜歡全身脫光曬日光浴的是西班牙人，你可以想像嗎？常常看到一整排裸

體的女生躺在那一動也不動，不知道的話，還真會以為是屍體呢！」他說完大笑了起來，「然後喜歡只有上空的是義大利人，那你知道什麼國家的女生包得最緊嗎？」他停頓了一下，不等我回答就說：「中國人、台灣人，這些東方國家！當然穆斯林例外啦！哈哈！」我斜眼瞪了他一眼，但心裡笑盈盈的，從一開始的生疏寒暄到現在互相吐槽，真的是朋友了。

像爸爸一樣親切叮嚀

那晚Shee走到一間角落的稻草屋旁，拿了兩張百鈔（相當於台幣六十元）伸進稻草屋的小縫裡，對著裡頭小聲說：「A chicken roll.（一個雞肉捲）」，沒多久裡頭就遞出一捲用葉子包裹的棒狀物，他趕緊拿了放進兜裡，接著我們到了他家，才知道那是大麻。「Chicken roll」是大麻的術語，當然還有很多其他稱呼，他一邊大口抽著大麻菸，一邊和我聊大麻聊得口沫橫飛。

「你啊！在外旅行！如果有人問你要不要抽大麻，你一定要謹慎，認識的人給你才能拿！」他的表情轉為嚴肅，「在拉穆發生過很多起遊客被騙的案件，有些人會好心地邀請遊客到家裡抽大麻，他們捲給遊客抽之後，會說要出門買東西，接著就會帶警察回來，警察警告遊客必須交付罰金，否則就要沒收護照，慌張的遊客大部分會花錢了事，殊不知錢最後是警察和主人平分。」我覺得有些不可思議，原來看似友善的拉穆也有這種事發生，他說：「哪裡都有危險，要時時注意安全。」他說這句話的口吻像是我在拉穆的另一個爸爸，雖然我爸不會和我聊起大麻。

抽完大麻還去寺裡朝拜

外頭響起了清真寺唱誦，低沉有力的歌聲催促大家到清真寺朝拜，Shee 趕緊坐起來，要我等他一下，他要去朝拜了，我看著他一搖一擺地走出門外，心裡想著：這傢伙剛抽完大麻還去朝拜啊？這樣算虔誠嗎？我在心裡竊笑。

過了一會兒，他回來了，我好奇地問他：「你剛抽完大麻就去朝拜，不會被發現嗎？」，Shee 賊笑了起來，那眼尾的魚尾紋看起來可以夾死幾隻蚊子：「我可是專業的呢！那玩意兒我從你這年紀就開始抽了！你知道禮拜時會起立跪下吧？」他眼睛瞇瞇地看著我，眼白因為瞳孔放大而被淹沒，想當然他的大麻還沒退去。

「我當然知道，我在穆斯林國家闖蕩很久呢！有時還會假扮穆斯林戴著頭巾混進清真寺禮拜。」我得意地笑著，學著當地的生活方式一直是我旅行的慣性。

「那就對了！大夥人跪下的時候，我就起立；他們起立時，我就立刻跪下，這樣起立跪下的動作會起風，菸味自然就被吹走了啊！有時候我在清真寺裡忍不住想放屁時也會這麼做！」他認真示範起立跪下，配上膜拜時一臉正經的表情，接著放了一個屁，逗得我快笑死了。

印象中，和 Shee 在一起的時刻我都開懷大笑著，他是最專業的相聲家和喜劇演員。

揮別有故事的拉穆島

在拉穆的第四天清晨，我終於要離開了，Shee 一大早就在我旅館門前等，接過我沉重的背包，

我們一起走向碼頭旁的餐館。他替我放下包包後要我趕緊吃，丟下一句：「等我回來！」就自顧自地走了。

我拿了各種拉穆的小點心擺在桌前，拉穆是少數我可以不問價錢就吃飯的地方，他們不會因為你是遊客而哄抬價格，是我認為一定會再回來長住一陣子的地方，是我內心美麗親切的淨土。

二十分鐘之後，他回來了，我們一起走向碼頭，只見船已經在那裡等候了。

他在我上船前遞給

我一張紙，「這是我的 Email，拜託有空一定要寫信給我，我記不住我的信箱，特地回家拿的。」他害羞地抓抓後腦勺，笑了笑。

我給了他一個很久很久的擁抱，「我一定不會忘記你的，有空一定會寫信給你，認識你真好，真的。」我的眼眶微微濕了。

他看著我說：「我一直很羨慕你們這些旅行的人，一直遊走世界各地，我卻一輩子都待在這個小島上，你一定要平安，再回來看我！」我和他握手告別，慢慢走上搖搖晃晃的船，我轉頭和他說：「我一定會再回來看你的！」

船開了，我看著在碼頭上不斷和我揮手的他變得愈來愈小，不捨的淚不停地流。

在搖搖晃晃的船上看著拉穆島愈來愈遠，我才想起我忘了和他說：「以前的我以為只有一直旅行，我才能成為一個有故事的人，但是因為認識了你，我才知道，原來只要每天都好認真地活著、好認真關心周遭發生的一切，就算一輩子都生活在同個地方，也會是一個有故事的人。」

◇最後想說……………………………………………………

如果你到了拉穆，一定要找Shee替你導覽，他千叮嚀萬交代要我寫進書裡，哈哈！他的名字是 Mohamed Shee Bwana。

Although you live on an
island all your life, you are
a perfect storyteller.
2019.11.19

我們沒有錢，但我們有善良

在土耳其東北方的小鎮裡，第一次有能力讓別人搭便車，也因為如此，有機會能到一個充滿善意的家庭裡，感受純粹而偉大的愛。

那是一個夏天的午後，我們開著租來的車，緩緩駛過一片銀白世界的針葉林，彷彿小天使剛剛經過此地，用魔法棒帶來了安詳的靜謐。我和 Fatih 在土耳其東北方的 Trabzon 小鎮，剛剛離開一棟美麗的湖邊小木屋，準備駛回市區。看著窗外的一片白色寂靜，車內播放英文老式情歌，是多麼奢侈的幸福。

「咦？你看前面有一個人在招手。」我說。

他是一位看起來年約五十歲的爸爸，眼睛大而深邃，棕色的短瀏海貼在前額，鼻子堅挺，下巴留有一排鬍子，身著格紋背心和灰色毛呢大外套，左手插進大衣外套裡，右手大拇指舉起，他正在白雪紛飛中顫抖著。

「他是要搭便車吧？」Fatih 說。

我們把車停在他面前，他開了車門坐在右後坐，有些害羞地笑著和我們說謝謝。他叫 Savas，是個警察，正要回到 Trabzon 市區的家，等了好久的公車，後來去上了個廁所，出來後發現公車已經走了，他懊惱地說活到這把年紀第一次搭便車，有些不好意思。

我們聽了歡聲大笑，真是可愛的理由。其實當他坐進我們車上的那一刻，我便滿心歡喜，旅

行三年一路以來都搭別人的便車，而這是我第一次有能力讓別人搭便車，我很高興自己能付出，就像報恩一樣。

今晚投宿地點有著落了

車上的對話不多，因為 Savas 不太會說英文，大多都是 Fatih 和他用土耳其語交談，我則自己靜靜地看著窗外雪景，覺得自在又平靜。

我用英文問 Fatih：「那我們今晚要住哪呢？」等一下到了市區後要去還車，租這輛車和湖邊小木屋的費用比我們預期的高，我們的預算有些吃緊，下下策就是去投宿 Fatih 在 Trabzon 的親戚家，但我們實在不太願意打擾他們的生活，即使他們很歡迎我們。

「等一下到市區且走且看吧！總會有辦法的。」Fatih 說完對我笑一笑，這時 Savas 和 Fatih 用土耳其語談話，我一樣是完全不懂的，只見 Fatih 臉上的笑容愈積愈滿，嘴角都快連到耳際了，他們談了幾分鐘後，Fatih 興奮地轉過頭來和我說：「他說他知道我們在旅行，不介意的話可以住他家，他老婆是英文老師，你們可以好好聊聊天，她一定會很開心的！」我一聽也喜出望外，他明明聽不懂我和 Fatih 的英文談話，怎麼會立刻給了我們這個即時救援的大禮呢？就像有天使圍繞著我一樣，美夢成真！

回到市區後，我們還了車，跟著 Savas 換了一台公車到了他家。那是一間在米色高樓裡的公寓，位在七樓，後方有山，前方有海，電梯門打開後左手邊的咖啡色大門就是 Savas 的家。

見證一份純粹的愛

Savas 按了按電鈴，開門的是一個因為嚴重駝背而身高矮小的婦人，圍著鵝黃色頭巾，一看見她的瞬間以為她是 Savas 家的幫傭，沒想到下一秒 Savas 立刻和她擁抱親吻，我才發現她原來是 Savas 的老婆，那一刻我因為太以貌取人而深感慚愧。

Savas 的老婆名叫 Nursen，她和丈夫擁抱後隨即和我說：「Welcome!」接著也給我一個超過三秒的大擁抱，感覺得出她是個溫暖的人。她準備好點心和土耳其紅茶，我們四人一同坐在四面環繞的玻璃窗溫室花台聊天，他們點起菸，伴隨著繚繞的白色煙霧，我們聊起他們的故事，而我立刻被包裹在他們滿滿愛的故事中……。

Savas 有一個前妻，他們因為理念不合而分開，偶然之下，Savas 和 Nursen 在一家影印店裡認識，從此墜入愛河，說到這時，Savas 看著 Nursen 的眼睛說：「就算很多人不懂，但對我而言她是全世界最好的女人，我是何其幸運可以娶到她，她是生活中最完美的夥伴，亦師亦友，最重要的是，我們都對這個世界充滿包容和愛。」他們相視而笑，這畫面真美，我在一旁看著，心裡想著，縱使 Nursen 看似身體有些殘缺，但他們依然如此相愛，這份愛情是純粹而偉大的。

Savas 和前妻生了一個女兒，如今已經十六歲，和 Nursen 結婚後，因為 Nursen 的病無法生育，一向愛孩子的 Savas 得到了 Nursen 的同意後領養了一個男孩，Savas 把男孩帶回家後，不料男孩卻一直哭，Savas 才知道原來男孩還有一個弟弟在孤兒院，於是他正考慮著把弟弟也一起接回家，沒想到 Nursen 竟然沒有絲毫猶豫地答應了，Savas 說這是 Nursen 最偉大的地方，她不在乎生活會因而多了多少開銷，她只希望孩子能夠快樂，他們想一起用愛包圍這兩個原本是孤兒的孩子。

用愛呵護著兩個孩子

Savas 說小兒子剛到家裡時非常叛逆，整天故意搗蛋亂摔東西，甚至常常在晚上跑到 Savas 的床鋪上撒尿，讓 Savas 不堪其擾，但他從未對小兒子發過一次脾氣，這樣的日子竟然持續了兩年之久。我聽到這裡不禁驚嘆，要是我肯定氣死了！

有一天，小兒子和往常一樣，一個不開心就把家裡的東西亂摔，Savas 依舊不發一語地默默收拾，這時候小兒子問了：「為什麼你從來不生氣？」Savas 摸摸他的頭說：「因為我愛你啊！」那一瞬間小兒子突然大哭起來，他說：「我一直覺得你們領養我是因為愛哥哥，而不是愛我。」Savas 聽了他說的話，內心像是被浸在檸檬汁裡好酸好酸，他把小兒子一把抱進懷裡說：「沒有，我真的很愛你。」他們相擁而泣，在客廳裡哭了好久、好久。

在土耳其紅茶快要喝完的時候，Savas 起身拿出兒子們得到的獎狀，洋洋自得地和我們介紹，他們都是跆拳道的高手，從他發亮的眼神中，我知道他十分以兩個兒子為榮。

Savas 和 Nursen 就像一片平靜的海，孕育著滿滿的力量和愛，不具批判性，取而代之的是看待事件的多元角度，以及更多的包容和體諒。

為他們畫下一幅肖像畫

我們在 Savas 家待上三天，每天早晨後和睡前我們四個總是很有默契地待在溫室花台裡，偶爾看書、偶爾交織滿滿的話語，聊人生、文化、哲學，就像心靈的充電器一樣；而每當我和 Fatih 出門遊覽 Trabzon 市區前，Nursen 都會給我一個滿滿的擁抱，告訴我記得回家吃飯，不要在外面浪費錢，他們夫婦就像我在 Trabzon 的第二個爸媽似的。

離開前的那個晚上，我們的對話讓溫室花台中的空氣分子都變甜了。我為他們畫了一張肖像，用土耳其語寫下：「你邀請我們到你們家，其實是邀請我們走進你的心裡，我們學到了好多人生課題，現在已經知道如何成為一個更好的人了。」我害羞地把畫給他們，親自念給他們聽，他們靠在一塊盯著畫看了好久，充滿感激地擁抱著我，在他們溫暖的懷中，我就像是他們的孩子一樣。他們後來找出了一個精美的相框，把畫放在客廳裡最顯眼的櫃子上。

Nursen 說：「我們好高興可以收到這個禮物，也好高興可以遇到你們，記得，這裡永遠都是你們的家，我們永遠歡迎你們到來。」他們笑得就像世界不再有悲傷。

Bizi evinize davet ettiğinizi düşündük
ancak sizin bir hayat kurşu olduğnuzu
bilmiyorduk. Şimdi nasıl daha iyi bir insan
olacağımızı biliyoruz.
Teşekkürler.
2019.01.22

讓人依依不捨的一家人

離開的那天早晨，屋前的海特別平靜，我們依舊在美味的早餐和深富啟發的話語中度過，我們背起大背包，Savas 和 Nursen 為我們準備了一些食物帶上路吃，再給了我一個最後的大擁抱，我們依依不捨地道別，離開了我在土耳其的第二個家、第二對父母，但此時此刻我們的內心充滿了他們給予的力量和溫暖。

在從 Tbabzon 飛往伊斯坦堡的飛機上，我在日記上寫下：

我們沒有錢
但我們有善良
我們用善良打造一個暖烘烘的身子
吸引同樣暖烘烘的人
我們一起取暖
相互理解信任和愛
我們沒有錢
但我們用善良

打造一個更好的生活

致親愛的 Savas 和 Nursen
因為善良 你搭上我們的便車
因為善良 你邀請我們待在你家
我們用暖烘烘的身子溫暖了彼此

同時也要感謝千千萬萬曾經幫助過我的人
因為你們的善良
讓我就算不富裕
卻也過上了很幸福的生活

謝謝，謝謝。

攝影｜Fatih Tanrikulu

凝視著畫最久的人

在肯亞國家公園出來後，老李叫住我，讓我們沒有就此錯過；點上一根菸的他，將對家人的思念化為白煙，一一向我傾訴。

都說人與人的認識緣分很重要，但有時緣分還得再加上一些衝動的勇氣，才能使緣分發酵成為現實，感謝老李沒有猶豫地叫住了我，才能創造出這段美好的記憶。

「你是中國人嗎？下車，我載你！」這是他對我說的第一句話。

那天結束了在肯亞地獄門國家公園的腳踏車之旅，那是肯亞唯一一個可以騎腳踏車的國家公園。能和動物們近距離待在一起，聽起來浪漫極了，不過我卻騎了半小時就汗流浹背，看著斑馬很悠閒地吃草，只能怨嘆我們這些萬物之靈果然只有頭腦好使，四肢不發達。

被一位中國人催促下車

從國家公園出來後，背著一個如五歲小孩一般重的大背包，汗都還沒乾的在路邊等 MATATU（肯亞的迷你巴士）要到奈若比市區，上了 MATATU 後，坐在窗邊享受自然風蒸發我的汗水，一派輕鬆地邊滑手機。

突然 MATATU 停在路邊，我還沒意會過來是怎麼回事，就看到窗外一台紅色轎車裡，坐著一個亞洲面孔的大叔，他大喊著：「你是中國人嗎？下車，我載你！」聽口音就知道是中國人。

「蛤？我是台灣人！」我說，如果當時有人拍下我的臉，我想我的表情一定呆滯得很搞笑，「搭 MATATU 太危險了！下車！我載你！」他著急地催促我。「喔！好！」我像一個五歲的孩子背上五歲孩子重量的背包，乖乖下車，想也沒多想。

「欸！你膽子很大欸！MATATU 很危險的！我從沒看過有單身亞洲女生搭。」

我心想，我倒是每天都搭，我沒有私家車啊，總不能用走的吧！但心裡還是有根小火柴默默燃起，覺得這大叔人真好，他甚至決定要載我到奈若比，縱使他不太順路。

這就是我們的相遇，如果光靠緣分，我早就在滑手機吹吹風的瞬間默默錯過這個人了，連一眼都沒見到就錯過了，真的很感謝他衝動地把 MATATU 攔下來，讓我認識了一個有故事的人。

失去與家人的共處時光

他的確是個有故事的人，他的一生都在世界各地做工程，有太多我沒辦法想像的人生體悟。巧的是，我們都來自桃園，只是他的桃園是在中國山東的桃園，而我是臺灣這小島上的桃園。兩個桃園人，不是在某個桃園相遇，而是在遙遠的非洲國度裡，一條沒什麼人的公路上碰在一塊。

從這裡到首都奈若比大約要三小時的車程，這時間足夠我們好好了解彼此。

他是老李，外派到肯亞工作已經一年，替肯亞蓋路。多虧了中國一帶一路的政策，雖然讓我被坦尚尼亞拒絕入境，卻也因此認識了老李，也算是不錯的交換。老李的工作不像是我想像的那樣，要在大太陽下指揮當地工人的體力活，也不是在辦公室裡批閱公文的手力活，而是常常閒著沒事睡到自然醒，等著下面的部屬有事請報的嘴力活。

「怎麼那麼好？」我問。老李說他從大學畢業就進入中國石化，到現在已經二十幾年，有著扎實的工程經歷，自然爬上了項目領導的位置。外派到肯亞工作月薪驚人，是待在中國薪水的九倍之多，少說年薪也有幾百萬台幣。

在我大大驚嘆這個報酬之後，他卻笑著說：「只是賺那麼多錢真的值得嗎？」我說：「這樣你可以少奮鬥多少年啊！當然值啊！」老李搖下窗戶，隨後點起一支菸：「我有個同事，我們當初一起在沙特工作，為了一年多掙個一百萬人民幣，他把身體搞壞，回國幾年後過世了，當時他孩子只有十來歲，正是需要爸爸的時候，你說這一百萬人民幣換了陪伴孩子童年、換了身體健康，這值得嗎？生命沒了就沒了啊！」我默默地聽，心想著這問題離我還真遙遠，我沒有孩子，也沒有人民幣一百萬，但儘管如此，再傻的人聽了都會覺得不值得啊！只是當這一百萬真的擺在你面前時，你能考慮那麼多嗎？

不久後他又點上一根，白煙隨風飄向窗外，就像要把往事吹散似的。

只為聽見千里外的聲音

老李的菸癮很大，一天抽上三包菸，我告訴他別抽這麼多，好不健康，他笑著說：「現在算好的呢！以前菸癮更大！」我別過頭去看著他：「還能夠更大啊？」

老李又告訴我一個故事。

「二〇〇九年我在蒙古做建設時，我孩子只有三歲，正是最可愛、最好玩的時候，當時我一天四包菸，我每天晚上想兒子想到睡不著覺，起床就抽菸，配著兒子的照片，一根一根接著抽下去，邊抽邊流淚，你可以想像那股思念多難熬嗎？」老李冷笑了兩聲。

那股思念肯定是布滿在空氣中吧？只要呼吸就想念，於是老李吸菸，藉此淡化濃濃的想念，想來就有些心疼。真的難以想像這個在我身旁看似粗獷的大男人，在夜晚獨自哭泣的樣子。

老李繼續說：「當時蒙古網路很差，在首都烏蘭巴托倒還好，但只要一回到在鄉村的單位上，根本很難收到訊號，只有屋頂上勉強有訊號，我就在房子旁擺上一個梯子，這梯子專門用來給我爬上屋頂打電話的，這幾分鐘和媳婦兒子通話，是我一整天中最幸福的時候。」老李抓了抓頭，不好意思地笑著。

我想像著老李在黑夜中伴著陣陣寒風和滿天星斗，一步一步緩緩爬上高聳的梯子——通向幸福的梯子，好不容易上了屋頂後，東南西北四處揮動手機找訊號的畫面，一切就只為了聽見幾千里外那個最重要的人的聲音，那該多麼深情啊！

對家人濃厚的愛

在肯亞的每一天，老李說他都固定在下午打給老婆和兒子。我問：「你每天打啊？有這麼多話講嗎？」我就算旅行那麼久了，還是很難每天和家人通電話，再講還是那些：注意安全、身體重要、吃好一點、早點回來，若沒有有趣的事都懶得打了。

老李又抽了一口菸，白煙萬馬奔騰地從他口中竄出，他笑著說：「沒那麼多話好講啊，但是已經習慣了，就算只有一兩分鐘也好，要是沒講電話總覺得怪怪的，好像有什麼事沒完成。」他輕輕地說，我心裡卻是重重地感動，這個急性子的大叔，有顆好溫柔的心。

隔天是上班日，路上很塞，前面的車一台挨著一台，沒什麼動靜，老李說：「可能再兩年吧！再待兩年就回國，現在賺錢不就為了給孩子媳婦更好的生活嗎？要知道為什麼賺錢，不要迷失了，不然賺再多錢都覺得空虛。」老李不耐煩地按了幾下喇叭。

我想起身邊多少朋友總說要努力賺錢存第一桶金，但問起第一桶金要做什麼，他們也回答不出來，只說反正總有用途，我當然樂見其成，但是沒有目標的賺錢感覺比較累吧？總要有個美好願景讓自己在受挫時撐下去吧！

把握相處的每一天

車子開始移動，老李打開音響，喇叭傳來一首西藏的民謠，他聽著歌若有所思地說：「所以每年回國，不論再累再遠花再多錢，我都會帶媳婦孩子到處玩，我在國外已經和他們錯過太多，回國我得把握每一天，去年我才自駕帶他們到西藏去呢！一次就走了一個多月！」我一聽大吃一驚：「哇！一般人很少能玩那麼久的！」老李自豪地笑著說：「對啊，因為我和媳婦說，我們結婚二十幾年了，也從沒時時刻刻膩在一起超過一個月，所以我們就出發了！」這四十幾歲的男人還得意地笑得像個孩子，他的確該得意，世上有多少人結婚了一輩子，卻抽不出一個月好好和對方每天膩在一起？

好不容易到了奈若比，老李帶我到一家中國餐廳吃重慶火鍋，他說：「你一定很久沒吃中國料理了，你這樣旅行我挺佩服的，讓我請你吃飯吧！」我感動得想哭，這一趟到現在也走了快五個月，每天能省一點是一點，上餐廳是奢侈的，重慶火鍋更是。紅色的湯鍋滾燙著，裡頭放滿各式各樣的料，這個夜晚彷彿旅行到了中國，有著熟悉的語言與熟悉的料理。

令人鼻酸的父愛與思念

我問老李：「你看過黃春明寫的《兒子的大玩偶》嗎？故事裡的爸爸因為工作關係總是穿著玩偶裝，他的兒子總愛和穿著玩偶裝的爸爸一起玩。那天，爸爸脫下玩偶裝，想要抱抱兒子，兒子卻認不出他來，兒子哭了起來，爸爸只好重新穿上玩偶裝去抱兒子，這時兒子又重新拾起笑容，而爸爸卻在玩偶裝裡偷偷哭泣。」我說完後便夾了一塊肉到碗裡，心想著問這個問題是不是太過殘忍。

老李夾起鍋裡的青菜，沾了醬料放進口裡，靜默

了一陣子，接著又緩緩地點起一支菸說：「那年我兒子才四歲，我剛從蒙古回到國內，那天我起了個大早，到兒子的房間摸摸他的頭，他睡眼惺忪地起床，看見我嚇著了，哭了，但當時我也不是難過，就是有點詫異，怎麼會這樣呢？」我嘴裡的重慶火鍋辣辣的，心裡卻覺得酸酸的。

吃完了這趟旅行最奢侈的一餐，我為了答謝老李便提起畫筆為他畫張全家福，我在肖像畫上寫下：「雖然我們相隔遙遠，但我的心一直和你們在一塊。」這句話字字為實，他們的心比起其他真正在一塊相處的人還要緊密。

畫一張全家福

我謹慎地將肖像畫遞給老李，他沒有像很多客人那樣一收到就大大的驚喜，只是緩緩地接下，緩緩地放在桌上，說了句：「謝謝，真的謝謝。」然後看了好久好久好久，「謝謝，

雖然我們相隔遙遠
但我的心一直和你們在一塊
2018
1023

謝謝，我明天要把它裱框放在我辦公桌上。」

他還是持續看著這幅畫，秒針已經繞了一圈又一圈，而我看著他，想著那個當初在蒙古緩緩爬上梯子的老李，心裡滿溢著對家人的思念的老李，現在就在我面前啊！

吃完火鍋，老李載我回旅館的路上，已經不再塞車，他問：「在奈洛比還待幾天呢？有空我再開車帶你到處晃晃吧！再多請你吃幾頓，你離開前看你還需要什麼讓我買給你，幫你補齊吧！」我和老李道了謝。我想了想，若真有缺什麼，大概就是這樣溫暖的故事和關心吧！而此刻已經足矣。

「你是中國人嗎？下車，我載你！」謝謝老李的一句話，讓我們沒有就此錯過，遇見你，我真的好幸運、好幸運。

最溫暖的巴西青年

在埃及遇見親切的Caina，很後悔沒好好地找機會深入了解他，所幸在夜晚的尼羅河畔，展開一場溫暖的談話……

Caina，巴西人，二十八歲，在非洲旅行兩年多了，他大概是我這趟旅行中認識到最溫暖的人吧！Caina是個攝影師，也是說故事的人，他四處遊走，像是一朵雲，有柔軟的心；他收集故事，就像是雨水，給人們滋潤和養分。

在埃及Aswan的第一天，因為住在同一個Couchsurfing（沙發衝浪）的Host家而認識他，他有一頭黑色捲髮，他的笑容很陽光，就和他的心一樣溫暖。

真心對待彼此

那天晚上有個聚會，聚會的主人是一個中國女生，我問Caina要不要去，他說不了，他沒有很喜歡那個中國女生，Caina說：「就像我爸爸說的，二十五歲之後，要學著把時間留給自己喜歡的事和人上面，不然等你老了，會發現時光都浪費在不重要的事情上。」他說話時常常會提到他爸爸。我總是喜歡常常提到父母的人，因為那通常代表他有個和諧的家，也幾乎代表他會是個溫暖的人。

有天一對瑞士婦女來到我們Couchsurfing的Host家，問了Caina好多Aswan景點的問題，

攝影｜Alex

要去哪、怎麼去、門票多少錢等等，Caina 一向親切的樣子轉為厭煩，後來他說：「我希望我的新朋友能和我交心，而不是把我當成 Guide Book！」我才知道 Caina 的溫柔並不是無差別待遇，而是只對值得的人。

那天晚上和一群朋友們在茶店，我畫畫送給他們當禮物，也給 Caina 畫了一張，他問我平常一幅畫都賣多少錢，我說在台灣大約是九美金，在畫畫結束後，他默默地從錢包裡抽出兩張鈔票遞給我：「我尊重藝術，我也喜歡你的藝術，所以我一定要付。」Caina 旅行兩年，一向都住 Couchsurfing，吃飯也常常自己下廚，能省則省，但他竟然為了這份「禮物」堅持掏錢，滿滿心意已經讓我很感動，最後我勉為其難地只收下一張鈔票。

寒風中送來遺忘的物品

在離開 Aswan 那天，我和 Caina 擁抱

道別，就像例行公事一樣說了：「I hope we would meet again.」但其實我是真的捨不得，坐公車到火車站的路上我一直後悔著，沒有再找機會多了解 Caina 這個人。

到了火車站後才發現我的充電器和充電線放在 Host 家裡沒拿，Host 家和火車站有約二十分鐘的車程，我傳訊息問 Caina 是否有要出門到市區，如果有就替我拿出來，如果沒有的話就算了，我可以再去買新的，Caina 傳訊息來說他會過來，等等他。

在夜晚的尼羅河邊見到了 Caina，他走來示意要掐我脖子：「我不是叫你離開前要再檢查嗎？你這大笨蛋！還偏偏挑我已經洗完澡了才打來！」他一邊碎唸著，一邊在寒風中把手抽出口袋，遞給我充電器和充電線，我連忙道謝：「Caina，那你來市區是為了什麼事啊？」他搖搖頭說：「沒有啊，就拿這個給你。」

我驚訝了一番：「我不是說沒事就不要來

嗎？我不想麻煩你啊！」Caina 聳聳肩說：「因為我希望如果有一天我也忘了什麼東西，會有人這樣幫我。」Caina 不好意思地笑了笑說：「所以我才想要幫你。」

我突然想起在馬其頓旅行時遇過一個詩人，他和我說過一句很美的話：「It is impossible to meet somebody without any reason.」（你遇見的任何人都不可能是沒有理由的。）每一個相遇都代表一個改變，謝謝上天讓我遇上 Caina，遇上 China 是一個好的改變。

那晚的尼羅河特別美，河上閃爍著光暈，手上抓著充電線，身旁有 Caina，我覺得天氣也沒那麼冷了。

好人總比壞人多太多了

帶著身上僅存的九千元前往越南，為了省錢而租摩托車，卻遇上一連串的意外，車子嚴重刮傷、膝蓋血流不止，就連手機也不見了……

大學畢業後的第一段旅程，我去了東南亞，那是我人生中最大的轉捩點。

在出發前的幾天，我把戶頭裡的錢全領了出來，發現竟然只有九千元。我把錢分成三等分，用三千塊換越幣、三千塊換美金（柬埔寨也用美金）、三千塊換泰銖，加上一袋畫具，我妄想著要帶這些錢旅行一個月，走過越、柬、泰這三個國家。

「你不怕遇到壞人嗎？」在旅行前身邊的大家都這麼問我。「怕啊，怕死了！」我這麼回答，心中有巨大的不安。

在越南美奈，同行的夥伴們參加了價格昂貴的團，而我選擇了既省錢又具機動性的方式溜搭：我租了台摩托車，打算一個人騎到約一小時車程的白沙丘遊覽。一個小時過去，我看看Google 地圖，發現我走錯路了，我誤闖一座純樸的小村莊，紅土地上矗立著一棟棟用茅草蓋的屋子，村民們看到一個外國人都感到驚奇，紛紛對我微笑，我也同樣笑著回敬他們。

遠遠地，有台巨大牛車朝我駛來，近十頭牛的牛車，上頭擺了幾十袋牧草，而牧草的最上方

坐著一位長相好看的少年，他朝我緩緩開過來，我對他笑了笑打個招呼，而他也是。

心裡已經喜歡上這純樸友善的小地方了，我愜意地騎往村裡，完全不把白沙丘當一回事了，一個人旅行的好處就是能不慌不忙地亂竄，跟隨的是當下最誠實的心。

禍不單行的失落感

車速大約三十，等我看到前方突然凹進去的大坑洞時，一切已經來不及了，我下意識地緊急按下煞車，就像一個全速衝刺的跑者，在凹凸不平的土地上緊急停了下來，一個重心不穩，我摔車了！「砰」一大聲，村民們都跑出屋外看看到底出了什麼事，我不好意思地笑了笑，和他們說我沒事。

我連忙扶起摩托車，車身多了一道道深淺不一的刮痕，我還來不及照顧我膝蓋上的血流，一心只擔心著如何用我吃緊的旅費來賠償車的損傷。

簡單處理過後，我沮喪地繼續向前，幾分鐘後，我突然發現原本被我放在機車槽裡的手機不見了，「一定是剛剛摔車時掉了！」我著急地返回原路，心裡一直安慰自己：才掉一下下而已，會找到的，別擔心！加快車速、左右來回張望的我，竟然也沒注意到前方還有陷阱——剛剛的大坑洞！於是我在同個地方又摔了一次。

我整顆心都揪在一起了，我怎麼那麼笨？上次摔的是右邊，這次摔的是左邊，車身的左右都充滿刮痕，一雙膝蓋也都微微滲出血了，兩條手臂的袖子也被刮破了，我再也不能勉強自己笑著說我沒事了，我把車放在一旁，不停地來回踱步，卻怎麼也看不到我的手機。終於我停了下來，絕望地站在路邊，低頭看著這片貧瘠的紅土地，眼淚在地上點出一顆顆圓形水漬。

我受傷了、迷路了、手機不見了、車刮傷了，旅費不多了，一切的一切搞得我崩潰了……。

那雙粗糙而溫暖的手

這時幾個村民朝我走來，我還死盯著空蕩蕩的紅土地希望找回一線生機，他們突然用力地抓住我的肩膀，我嚇了一大跳想要掙脫，卻只見他們自顧自地將準備好的白藥水往我膝蓋上面灑，我愣愣地看著他們，想說聲謝謝，卻什麼也說不出口……。

他們扶著我到家裡，婦人舀起水桶裡儲備的清水，用溫暖而粗糙的手為我沖洗傷口，接著替我上藥和敷棉花，最後她不停替我的傷口搧風，為了趕去農村裡多得驚人的嗜血蒼蠅，坐在一旁的大哥遞給我一杯冰水，對我說著我一點也不明白的越南話。

我們雖然沒辦法溝通，但僅靠著他們對我無微不至的細心照顧，以及一直掛在臉上淡淡的笑容，我知道我可以放心地和他們在一起，直到我心中那股巨大的驚慌消失得無影無蹤。

過了十幾分鐘，我鎮定了許多，向他們借了電話打給我自己，電話那頭回應的是一串越語，我的手機關機了，它已經被人撿走了。後來大哥拿出一台舊舊的智慧型手機，我們開始用Google翻譯粗略地溝通，我任性地在上面打下：「I really need my cellphone, please help me!」再把手機遞給他。明明知道這對他們是種麻煩，但我已經無法理智地考慮這些了，過了一會兒他將手機遞回給我，上面寫著：「I will help you! Don't worry.」我抬頭看了他，他笑笑地看著我，對我點了點頭，那眼神異常地堅定，即使我們都知道找回來的機率微乎其微。

離開了小村子，我騎上我傷痕纍纍的摩托車，戰戰兢兢騎了一個小時回到了旅館，車主找上門說：「我看見車子停在旅館外，又聽說你摔車了，到底怎麼摔的可以讓車身兩邊都是刮痕啊？」我不敢把摔了兩次這丟人的事告訴他，最後我賠了四十美金。

那天晚上，旅伴好心借我她的備用手機，才一打開手機，我就看見那個大哥傳訊息給我：「我已經找到你的手機了，明天可以再回來一趟嗎？」我不可思議地看著那短短的幾行字，腦中想起了當時他堅定的眼神。

隔天我搭上旅行團的吉普車到了白沙丘，看著昨天走過的路，我笑自己明明是為了省錢才租車的，後來卻莫名其妙地花了更多錢。

我以為他是好人

到了白沙丘，我一看見大哥騎著摩托車出現，我的心總算放鬆下來，有種一切都沒事了的感覺，他載著我回到那個我原以為從此不敢再踏入的村莊，經過這摔了兩次的坑洞，我仍心有餘悸。

回到了昨天替我敷藥的家，婦人走出門迎接我，她的笑容還是一樣讓人感到溫暖，婦人要我跟著他走，我們一起深入村莊，轉進一條小巷，映入眼前的是一間格外破舊的茅草屋，我們走了進去，有兩個少年正拿著耙子耙地上的穀子，仔細一看，那個少年竟是我一進村莊看到的牛車上的少年！婦人說有人看到他拿走了我的手機。

原來前一天在我和他打過招呼之後，他看到我摔車，又看到我掉了手機，就轉回去把手機撿走了，但他當時沒有追上來還給我。我內心有一股巨大的失落感，我們笑著打招呼時，我以為他是好人的，怎麼會是他呢？

少年和婦人開始用越語對話，談得愈來愈大聲，那瞬間少年突然臉色大變，把我們趕了出去，我愣在一旁看著婦人，婦人對我搖搖頭，她說他堅持不願歸還，我很生氣也很難以置信，我都站在他面前了，他卻還能如此堅持？

在走回婦人家裡的路上，我一直在想辦法安慰自己，才第一個國家就遇上這種事，之後我還能怎麼相信陌生人？我瞥了一眼少年家破爛的茅草屋，突然想通了，為了生活，人們也許會背棄道德，我就當作是把手機捐給了更需要的人吧，它可以幫助他過上更好的生活。

回到婦人家裡，我和她一起剝花生，沒有對話，只有一直保持淺淺的微笑。她邀請我一起共進晚餐，我和她剛放學回來的兩個女兒一起做飯，她們會說一些英文，我們在談笑中吃完那頓道地的越南家常菜，那是這段旅途中最幸福的、被愛包圍的一餐。

再見一面的願望

飯後我畫了他們一家人，這也是唯一我能答謝他們的方式。畫完之後妹妹突然拉著我往門外走，我不解地跟著她，只見她指著她的家，告訴我：「This is also your home, you have to come back again!」她看著我，和他哥哥一樣堅定的眼神，我感覺到鼻頭酸酸的。「我會的，一定會的。」我說，但眼神沒辦法像她那樣堅定。

那天晚上他們邀請我住在他們家，但我婉拒了，因為我不願再給他們添麻煩，也怕再待下去會更不捨離開。晚上十點多，大哥載著我騎了一個小時的車回到旅館，那條路很黑，但

星星很多，我向星空許願：「希望能再見他們一面。」

到了旅館，大哥拿出手機，打開 Google 翻譯，上面寫著：「等我們下次見面，我一定會學好英文！」他依然堅定地看著我。「OK! Promise!」我們笑著打勾勾，接著給他一個大擁抱。

那天晚上，我伴著海浪聲入睡，而內心和海浪聲一樣平穩安定。

「你不怕遇到壞人嗎？」後來我都這麼回答，「還是怕啊！但在害怕的同時，我也知道在這世界上，好人比壞人多上太多了！我還是會埋怨這世界，氣憤地想著為什麼是我遇上這種事？可是接下來遇上的好人們，總能馬上把我的心填得滿滿的、滿滿的。」

最終，我損失了四十美金，弄丟了才用不到三個月的新手機，帶著全身刺痛的傷口，但我依舊覺得自己是極為幸運的人。

「世界上一定會有壞人來打擊你，但總會有更多的好人出現拯救你。」

感謝這個世界還是沒有讓我失望，感謝幫助我的那一家人。

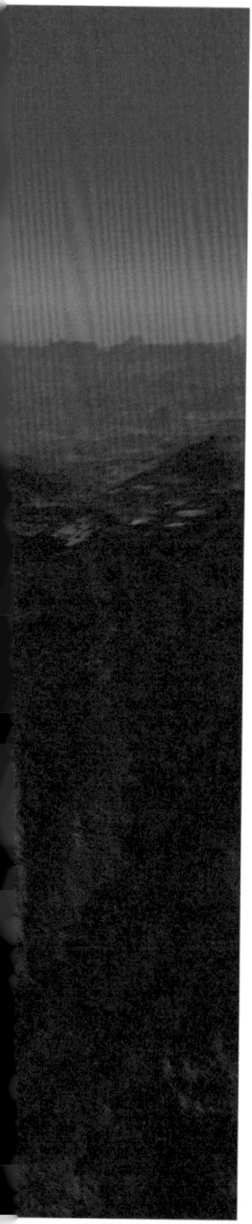

第二章

關於衝擊，親自體驗才能懂的事

那一晚柬埔寨男孩們拿起了我的畫具，
無法出國的阿爾巴尼亞年輕人請我喝了一瓶啤酒，
在非洲體會到的文化衝擊，到蘇丹拯救了大烏龜……
只要真摯地接觸每一個人、每種文化，
無論好與壞，感動與悲傷，最終都會化在心裡，變成更深刻的故事。

你覺得他是壞人嗎？

有位男生叫住我，邀請我去酒吧喝一杯。在這短暫的對話中，他提到自己也很想到處旅行，卻因為某個原因被限制出境……

走在阿爾巴尼亞一個紅磚色小鎮Berat的大街上，這天剛好是一年一度的啤酒節，也正好是我最後一天待在這裡。喝了一瓶啤酒，我便和Hostel的朋友告別，我想把最後一個晚上留給自己，好好享受這座可愛的小鎮。

聽著〈Wonderful Night〉這首情歌獨自走在街上，實在是一件再浪漫不過的事了。經過一輛停在路邊的車子，裡頭的男生叫住我，問我從哪裡來，我說台灣，他走下車問我：「你要不要和我喝一杯啤酒呢？就在對面。」他指了對街的酒吧，我看了看時間，和他說：「好啊，但我只能待二十分鐘。」他說：「沒問題，你想走的時候就走，不會勉強。」

他長得挺老實的，帶著一副黑框眼鏡，就在這家酒吧工作，剛剛下班而已。他拿了一瓶阿爾巴尼亞當地的啤酒，說這啤酒是來自當地的河水，他倒了一半給我，接著問了我的職業，我說我邊畫畫邊旅行。他說他很羨慕我，可以到處旅行，我回：「你也可以啊！」

鋌而走險被限制出境

他笑笑地：「我沒辦法，我必須要在這裡待上六年。」

「為什麼？」我問，喝了一口沁涼的啤酒。

「在一年前，我犯了一個錯誤，被警察捉了，後來他們限制我出境六年。」他一副事不關己地說著這件事，依然笑笑的。

「什麼錯誤？」其實我大概猜到了，在剛進酒吧時，他問我要不要抽大麻，我說我不想。

「販毒，我把我們國家的大麻賣到別的國家，這可以賺很多錢，後來我被關了六個月，並且限制出境六年。」他還是一副吊兒郎當的樣子，大口地喝了一口啤酒。

他繼續說：「可是你知道嗎？如果日子過得下去，我也不想做犯法的事啊，沒有人會想要做壞事的。」我想起一位在蘭嶼的朋友，他曾經被關了五年，他也和我說過一樣的話。

「你知道我在這裡工作一個月賺多少錢嗎？」他的口氣開始激動起來。

「三百歐元？」阿爾巴尼亞的物價比台灣便宜，但也沒有差太多，三百歐元是一萬左右台幣，我已經猜得很低了。

「才九十歐元。」他看著我的眼睛，而我也沒有讓他失望地擺出了驚訝的樣子。這確實讓我驚訝，才台幣三千塊錢，依據這裡的物價，到底能做什麼事？

他用食指大力地揉了揉鼻子說：「九十歐元，我要繳房租、要繳水電、要吃飯、要交女朋友，這樣怎麼交女朋友？」雖然他開玩笑地說，但確實，這樣怎麼交女朋友？「販毒，我知道這件事不好，但阿爾巴尼亞是全歐洲最窮的國家，我把大麻賣到國外一個月可以賺兩三千塊歐元。」他激昂地說著。不知道是因為酒精作用，還是他心裡積怨已久的不滿，我設想如果今天換作是自己身處這樣的處境，我會不會選擇鋌而走險？這是一個很實際的問題。

少年心中仍有愛

想起前幾天在希臘時，我和一個警專的朋友聊天，我們聊到若是一個國家犯罪人口變多，這絕對不只是犯罪者的責任，政府也要負起一半的責任。如果今天大家生活過得很好，誰想做壞事？然而現今的社會大多是把矛頭指向犯罪者，而忽略了促使他犯罪的原因。大家都說印度人對女性不友善，但這情形發生在很多都是因為當地人沒錢受教育，沒有教育，就沒有人告訴他們什麼該做什麼不該，所以他們就只知道靠著大腦自然反應行事而已。

有時候真的會覺得自己只是幸運，因為幸運而出生在台灣、生在沒有負債的家庭、不需要煩惱每一餐。我們沒有機會使壞是因為我們幸運，我們不需要為了生活鋌而走險。

「你有兄弟姊妹嗎？」他問我，這時啤酒剩下一半了。我喝了一口啤酒，一陣沁涼直達心頭，這比台啤還要順口多了。「有啊！一個弟弟一個妹妹，我很愛他們，你呢？」

「我爸爸過世了，我和我媽媽相依為命。」他也喝了口啤酒。

「你媽媽知道你販毒有什麼反應？」我問。

「她非常難過啊！沒有人會希望自己的孩子做壞事。」他大口吸了菸，吐出濃濃的白色煙霧，像是將往事回憶通通傾吐而出。

「那你們現在的關係還好嗎？」我有些心疼，眼前這個男人經歷了好多身不由己的事情。

「現在很好，她是我全世界最深愛的人，沒有任何東西、任何人可以比得過她。」當他說這句話時眼裡閃閃發光，這一刻我相信他絕對是個好人，因為這句話充滿愛、充滿力量。

分辨好意背後的真相

二十分鐘過了，我要走了，他沒有強留，只是問要不要陪我走一段，我說好。大部分的阿爾巴尼亞人英文都不是那麼好，我問他為什麼英文說得那麼好。「我在監獄裡學的啊！我看了整整六個月只有英文的電視！」接著他大笑說：「也許這也算不錯的經驗吧！」我也跟著大笑。

在阿爾巴尼亞，我遇過三個人。

一個婦人非常熱情地邀請我進她家，問我要喝茶還是咖啡，卻在離開之前向我收了兩歐元，完全背叛了我一開始對她的信任。

一個餐廳老闆，他在我吃完餐點要離開時與我擁抱，接著把臉埋進我的脖子，用力親了我脖子一下，接著抱緊我不想放開，我感到不舒服。

一個大叔，在路上把我攔下來，指著前面草皮說：「那裡景色很好。」我道謝後他向我要錢。不能說他們是壞人，但是他們對我的好意是有雜質的，不是純粹的。

他陪我走了十分鐘，我說：「我住的地方還遠，你先回去吧！」他雙手握著我的手說：「很高興認識你，你會回阿爾巴尼亞嗎？」我說：「可能不會，但如果我回來，我會告訴你。」如果我回來這裡，絕對會告訴他的，我心想。

「好，謝謝，我會期待的。」他揮手和我告別，「希望你喜歡阿爾巴尼亞。」

「因為遇到你，我更喜歡阿爾巴尼亞了。」這是實話。

「這是我的榮幸，謝謝。」他對我笑一笑，像紳士一樣和我握了握手，接著禮貌地轉頭離開。

在走回旅館的路上，我一直在想，我遇見的那三個讓我不舒服的阿爾巴尼亞人，他們可能沒有犯罪，卻失去我對他們的喜歡和信任；這個男生，他雖然販過毒入過獄，在我心裡卻是個好人。

我想，認識一個人，不該只透過他做過的事來評斷吧？需要看背後的理由，還有和他的相處，謝謝他，讓我認清了這一點。那天晚上我是跳著走回旅館的，伴著天上的繁星點點，還好有遇見他，讓我更喜歡這座小鎮了。

No matter what
others say, only
you Know
who
you
are.
2019
1119

黑夜中的柬埔寨男孩

傍晚，一位女客人提醒我要注意安全，因為晚上會有小偷或扒手。此時我一轉身，就看到三個男孩拿著我的畫具……

在柬埔寨的首都金邊，我在市中心的河堤邊擺攤，生意還不錯。

「下雨了。」那位長髮披肩的女客人說，我看了看烏黑的天空，一條條白色細絲劃破黑夜，我趕緊把剛畫好的肖像裝進塑膠套裡遞給她，她和我道謝後，我給了她一個擁抱，目送她離開。

柬埔寨男孩拿了畫具

到了傍晚，我送這位最後的女客人離開後，綿綿細雨在催促我趕緊收攤，我把水彩筆和代針筆塞進鉛筆盒裡，這時有人叫住我，我轉過身，是剛剛那位女客人，她特地走回來告訴我：「晚上別在這逗留喔！這裡會有一些小偷和扒手，要注意安全。」我感動地謝謝她的貼心。

再一次送走她之後，我轉過身想繼續收拾，卻看見有三個看起來年約八、九歲的孩子，手上拿著我的筆、水彩、紙和包包，我直覺地生氣，她才剛提醒過我就發生了嗎？正當我想伸出手制止他們時，卻看見他們將我的水彩和筆一一放進我的包包裡，這時我才知道，他們是怕我的東西會淋濕，趕快替我收起來。

當下，我呆呆地看著他們，在心中責怪自己千百次，你怎麼能把人想得那麼壞？

我對他們不好意思地笑了笑並道謝，又開始收拾畫具。忙亂之中有個男孩靠近我，站在我的左手邊，我直覺地又開始警惕，將錢包握得更緊了，他拍拍我的肩問：「姊姊，我可以和你買這些紙嗎？」他指著我右手拿的一疊畫紙。看著他天真稚嫩的臉蛋，在心中又罵了自己一遍。

努力生活的小巨人

看到他的手裡正捏著一張皺巴巴的一千塊柬幣（約台幣七塊錢），心中突然有一陣刺痛。

「為什麼你想買這些紙呢？」我的聲音轉為溫柔。

「因為我喜歡畫畫。」小男孩小聲地說，有點害羞。

黑夜中仔細一看，我才發現他的身後竟然背著一袋袋比他還要高的爆米花。原來他小小年紀就在替家裡分擔家計，到處兜售爆米花給遊客，也難怪他也會說一點英文。

「這些紙送你吧！」我把手上的紙遞給他，「你一定會成為一個很棒的畫家！」我輕輕地摸摸他的頭，他給我一個極為燦爛的笑容，接下那疊紙後禮貌地向我道謝，轉身離開。

河堤邊的路燈黃黃的，照在他小小的背影上。我看著他，忘了還在下雨，也忘了要收拾東西，我想起了自己八歲時也喜歡畫畫，只是我從來不需要為家裡分擔家計，更不需要自己賺錢支持興趣。慚愧的是，就算我不需要付出什麼，卻還是消極懶散地看待畫畫這件事。

「這樣怎麼對得起這麼努力的他？」我在心裡對自己大喊，鼻子一陣酸。

他的腳步顯得輕快，看著離我遠去而愈來愈小的他，彷彿在黑夜中散發溫暖黃光的巨人，永遠不會被黑暗吞噬，因為他有一個熱愛而且肯為之努力的目標。

只想要自由的蘇丹青年

我一直很喜歡蘇丹濃厚傳統的人情味，但 Mohammed 卻認為這樣的傳統與保守是種束縛，那一天，他告訴我關於遠離蘇丹的逃跑計劃……

在蘇丹的 Mohammed，你還好嗎？

那天傍晚我離開蘇丹首都卡士穆，搭上巴士前往距離金字塔景點最近的小鎮 Shendi，一路上我看見最多的景色是黑暗，蘇丹公路上的路燈很少，在夜晚常常什麼也看不見。

蘇丹幾乎是我到過最和善的國家，總是在路上和人聊一聊就被撿回家住了，被請吃飯更是在蘇丹的日常，即使他們有的只是幾片白麵包（俗稱的「饢」），也會毫不猶豫地和我分享，因此我在蘇丹共待上二十幾天，竟奇蹟似地只花了四十歐元（近一千五百元台幣）。蘇丹是很有人情味的傳統社會，他們對外國遊客好奇，卻也有濃到化不開的熱情。

處處皆是好人的國度

下巴士已經晚上八點多了，背著大包走在 Shendi 小鎮看起來很突兀，蘇丹的遊客很少，每走幾步就會被穿著白色長袍的蘇丹男人、從頭到腳包緊緊的女人們搭話，他們問我要去哪，即使大多數人不講英文，還是會努力地比手畫腳和我溝通，這天他們一樣靠肢體語言帶我到了旅館。

「How Much for one night?」我問。

只見旅館小哥歪著頭看我，我知道他是正港蘇丹人，不會講英文，他撥了一通電話，再把電話遞給我，電話中聲音的主人就是後來我在蘇丹最好的朋友——Mohammed。

Mohammed的英文很好，我問了旅館價錢後，馬上又問了隔天想去金字塔的票價。

「You're tourist, so they will charge you 20 dollars. Is it expensive for you?」（你是觀光客，所以他們會收你二十美金，對你而言會太貴嗎？）也許前面在談旅館價錢時他有感受到我旅費吃緊，所以他在電話那頭是用一種關切地口氣說。

「Yes...」其實不是真的沒錢，只不過蘇丹這個國家沒有外匯提款機，外國人沒辦法領錢，而我一開始入境時不知道，所剩的美金已經不多，所以只好一路都省吃儉用。

「That's OK,tomorrow morning we

could meet in front of the gate, I will help you.」（沒關係，明天早上我們在金字塔門口見，我會幫你。）Mohammed 丟下這句話後就開始咯咯地偷笑，要我早點睡，明天再見。

對這位只講過幾句話的陌生人，我們卻能約在隔天相見，有些荒謬卻也很興奮，我在 Whatsapp 上輸入他的名字——「蘇丹好人 Mohammed」，對我而言蘇丹處處是好人，就像身在烏托邦，他們簡單純真又熱情。

吃驚的金字塔票價

隔天一大早，我下了公車後，步行進入路邊的沙漠，蘇丹四分之三的土地是撒哈拉沙漠，與其說公路蓋在沙漠旁，不如說是公路硬要貼在沙漠上。我遠遠看到兩個人騎著駱駝朝我走來。「嘿！要不要騎駱駝？」駱駝上白袍男人問我，我揮揮手示意不用了，不過還是被這景象震懾。旅行最棒的事莫過於驗證曾經腦中所想、電視上所見，而如今，站在撒哈拉沙漠上的我，看到圍著頭巾的阿拉伯人，騎在鋪著色彩斑斕的毯子的駱駝上，背後是一整排的金字塔，我像是置身於電影場景裡。

「Hey!」是一個男人的聲音，我轉頭一看，一位個頭不高，穿著藍綠格紋襯衫，人中留點小鬍子，看起來酷酷的年輕人。

「Mohammed?」我問。

「Yes.」這是我們第一次相遇。

寒暄幾句後一起走向金字塔，看門的阿姨看到 Mohammed 便笑著問：「今天又要帶給我什麼麻煩啊？」Mohammed 說：「哎呀！別這麼說嘛～這位是我的新朋友，台灣來的！」聽他們的對話似乎很熟識，Mohammed 從口袋掏出一塊美金給阿姨，我們就順利地進去了。

「那麼簡單？」我眼睛瞪大地問。

「阿姨是我朋友，我常常帶我外國朋友來，她早就習慣了！」我暗自竊喜靠關係走了後門，同時驚訝竟然從原價二十美金到一美金，其中的差異就建立在不夠嚴謹的制度和傳統社會的人情。

過於保守的社會現況

隨著一步一步走向金字塔而使鞋底浸進更多沙子，對 Mohammed 的了解也更多，那時候我以為這樣深厚的友情只會是等加級數。

「你知道嗎？我真的非常不喜歡我的國家。」我們看過第一座金字塔時，他脫口而出這句話，

「為什麼？」對我而言，蘇丹的人都像小天使一樣，好客又熱情。

「因為蘇丹太傳統保守了。」Mohammed語氣中的不屑和看到金字塔而興奮的我成了對比。

我想了想，蘇丹的保守的確眾人皆知，比方在蘇丹喝酒是違法的，若被發現會被送到警局，處以鞭打和罰款，我有一位外國朋友到警局時親眼目睹一位男子被鞭打；蘇丹人是傳統穆斯林，一天五次禮拜是一定要奉行的，四點多太陽起來前要跟著起床，而我旅行過的大多穆斯林國家都跳過第一個禮拜，因為真的太早了，但蘇丹卻人人奉行；若是一對男女要住旅館一定要有結婚證書，反之則會被拒絕入住，就連外國人也不例外；還有在衣著方面是非常嚴謹的，記得我第一天進入蘇丹時就被警察攔了下來，他要求穿無袖上衣的我必須再披件小外套，這些種種，都在反映了蘇丹的傳統與保守。

「但我覺得傳統保守對社會秩序是好的啊！」我回應Mohammed，但他笑而不答，自顧地朝著另一座金字塔走向沙漠深處，當時我在他的身後彷彿看到了巨大的憂傷。

兩個小時過去，我們逛完了所有的金字塔，Mohammed轉頭交給我一條銀色手鍊說：「這個送你，很高興認識你。」我開心地接下，蘇丹果然是個美麗的國家，人心更美，我幾乎視之為定律了。

策劃逃離蘇丹的行動

緩緩走回公路邊，我們舉起大拇指，要攔便車到Mohammed住的城市，他邀請我住他家，一台台車子呼嘯而過，卻沒有一台停下來，我們索性坐在沙漠上聊起天來。

「蘇丹真的很熱呢！」我的頭皮都冒出汗了，我用右手搧風。

Mohammed沉默了很久，過了好幾秒後說了句話，「我本來要離開蘇丹了，三年前，我表哥和我策劃了一場逃離蘇丹的大計劃。」他那雙清澈的眼望向遠方，看著過去。

「你就這麼不喜歡蘇丹嗎？後來呢？」我沒有太多的驚訝，只是在想為什麼他那麼討厭自己的國家。我還是持續搧風，沒有回頭看他，只是和他一樣看著遠方的沙漠和山，還有一輛輛駛過公路的車。

「在出發的前一天，我一整晚都睜著眼睛看著天花板，怎麼也睡不著，隔天一早，我和我表哥說我還是沒辦法放下我的家人，還有我的女朋友。我表哥說，那好吧，但能不能給我一點幫助？我想了幾秒鐘，就決定把當時戶頭裡所有的錢都給了他，總共七百美金，從此他在我的世界裡人間蒸發。」Mohammed的語氣平順，就像在唸故事書一樣，而我是個好聽眾，反應極大，我停止搧風，眼神轉往看他，

You don't Know how am
I happy to meet you,
Although we just met a
day, but
Knew each
long time.
I feel we
other for
You're my
Best
friend
in Sudan.
2018
12/3.
Roann, Taiwan.

「你是說，他真的離開蘇丹了？怎麼離開？偷渡嗎？」我知道七百美金對蘇丹來說是一筆大錢，是一般人平均七個月的收入。

「大部份的人是從蘇丹到埃及、突尼西亞、阿爾及利亞、摩洛哥，最後再坐船到歐洲大陸，然後他們就自由了！」他用「大部份的人」的意思是除了他表哥外還有很多人這麼做，而當他說到「自由」時，似乎加重了語氣，我不了解蘇丹哪裡不自由，雖然聽說他們有個執政幾十年的總統，但就我看來國民似乎都安居樂業。

曾經最親近的陌生人

Mohammed 繼續說著：「表哥離開後的兩年，我交往多年的女朋友和我提分手，她說她爸爸要把她許配給別人了。」我看著他依舊看著遠方的眼睛，眼角似乎有點點淚光。

「怎麼那麼突然？她不能說不嗎？」我語氣中帶著氣憤和驚訝。

Mohammed 冷笑兩聲：「反抗？蘇丹沒有女生能違抗爸爸的命令，會被打死的。」他轉頭看我，而我看到他的眼睛泛紅了，在我面前的大男人突然變得好脆弱，就像是待宰的牛隻結束生命前都會掉下一滴淚。

「那你們就分開了？你們在一起那麼多年啊！」我開始理解了他說的「自由」對於他的意義，我像是打開了蘇丹這扇外表看似美麗的大門，卻發現建築裡頭破舊不堪，蘇丹其實不只是我想像的、看到的那樣，而這些事只有好好深入當地，和當地人一起談心才能發現的事實，也是背包客和遊客最大的不同。

「我還是很愛她，可是能怎麼樣？我在蘇丹，我被繫在傳統的枷鎖中，我沒有選擇，她嫁給了另一個男人，而我從此活在悔恨裡。」他就像被一團黑色濃霧包圍似的，看起來沮喪至極。

失去所有的一切

Mohammed繼續說：「後來有一天，他趁著老公出差時來找我了，我們還是相愛的，我們去旅館開房間，因為她終於有了結婚證書，只不過不是和我結婚罷了。那一晚是我們交往多年一起度過的第一晚，我幻想這一天好幾年了，只不過她已經稱不上是少女了……度過那一晚之後，我們不曾再聯絡過彼此，因為我們都受不了良心的譴責，從此消失在對方的人生中。」相愛的戀人因為傳統束縛而變成永遠的陌生人……。

縱使頭頂上的陽光正豔，我卻感到心寒，

有股重重的無力感。

我拍拍 Mohammed 的肩膀，告訴他人生還長呢，不要氣餒，但是誰都知道說這些話就像把鮮花種在乾旱的泥土中，只是徒勞無功。

「前幾天消失三年的表哥出現了，他傳訊息告訴我，他最後到了英國，過得很好、很自由、很快樂，要我不必擔心……其實我並沒有擔心，我只是在想，我失去了一切，我愛的人，我的存款，還有我的自由。」Mohammed 說完，用右手擦了眼角，奮力起身，朝著沙漠裡走，我在背後默默跟著。

我們在撒哈拉沙漠中一直走、一直走，直到他的肩膀停止顫抖。

◇ 最後想說

當我待在蘇丹的期間，首都卡土穆最大的露天市場被大火燒毀，蘇丹經濟大幅下滑，幾個月後人民走上街頭，執政多年的總統因此下台，接下來軍政府上台，而民眾希望是文人政府執政。經過了一連串的抗爭，政府開始血腥鎮壓，而在此同時，我再也聯繫不上Mohammed了。

曾以為我們的友誼是等加級數，但如今你卻在Whatapp那頭消失了。希望在遠方的你一切都好，希望還能聽到你咯咯地笑著叫我的名字，我最親愛的朋友Mohammed。

我看見的非洲

到非洲旅行受騙太多次後，便很難好好相信一個人，心中開始產生一股極大的失望和沮喪，而戶頭裡的錢已經所剩不多……

「從前從前，有一個非洲醫療團，他們在非洲行醫時，在大太陽底下，有位護士拿了瓶礦泉水大口大口喝了起來，這時候在等著看病的非洲小孩們紛紛圍了過來，你們知道為什麼嗎？」講台上的老師問。

「為什麼？為什麼？」下面的孩子們紛紛起哄，要老師繼續講下去。

「因為他們沒有看過這麼透明乾淨的水，所以很好奇，於是護士為每一個張大嘴巴抬著頭的孩子一口一口倒水，孩子們很訝異原來透明的水這麼甘甜好喝！」老師說完，台下的孩子們都很震驚，他們沒有想過世界的另一端是這個樣子的。

這個故事，我不知道是真是假，但我是講台下其中一個小孩，當時才國小三年級的我，喃喃自語著：「總有一天我要到非洲去，我要去幫助非洲人。」小孩子的正義感儼然而升，我要去看看那個世界是不是像大人說的一樣。

小販們聯合欺騙遊客

大學時候，我看到網路上一篇文章，標題寫著：「非洲孤兒院小孩故意穿著破舊要求善款」，當下心裡也是一陣震驚，這次震驚不比國小三年級來的少，非洲孤兒院的孩子真的會用這種不顧自尊的方式取得同情嗎？那是我第一次對非洲有除了窮困之外的想像。

後來，二十五歲那年，我終於鼓起勇氣去了心心念念的非洲。

我走了非洲六個國家，肯亞、坦尚尼亞、烏干達、衣索比亞、蘇丹和埃及，訝異的是，這些國家大多都偏向於大學時那篇文章的情況，除了蘇丹。蘇丹是個沒人太計較金錢、把遊客視為朋友的國家。

在肯亞待的那一個月裡，我幾乎每天都去買路邊火腿腸，小販在火腿腸上劃開一刀，夾入番茄丁和洋蔥，最後淋上番茄醬，那是我最愛的平價美食，每次三十肯亞先令（約台幣十元）。我走遍了肯亞各地，吃了幾十攤的火腿腸，直到離開肯亞的前一天，我抓著當地朋友一起去買火腿腸，卻看見他只付了二十五肯亞

先令，我糾正他：「不！是三十先令！」他笑笑地告訴我：「我從來沒有付過三十先令，這一直都是二十五先令。」這時我才恍然大悟，原來一直以來我都被「肯亞各地」的火腿腸攤販多索取了五先令，雖然這不是大錢，不過我還是驚訝他們毫無破綻的一致性，算是一種合作無間嗎？

給錢只會害了他們

同樣是在肯亞，那天我在逛馬賽市集，人來人往的遊客、色彩斑斕的各種民族服飾讓我眼花撩亂，有一位穿著破舊的婦人，胸口裹著一個嬰兒，穿梭在人群中，看起來格外不協調，仔細一看，她正對著遊客們反覆地舉起右手比出吃飯的手勢，然而來往的遊客中沒有人好好看她一眼。我朝她走去，她和我說：「孩子餓、孩子餓，給我錢。」我揮揮手示意要她跟著我走，我帶她到了市集裡賣食物的攤子，「你想吃什麼自己點吧。」她面無表情地看著我說：「我要錢。」我說：「我不給你錢，你不是肚子餓嗎？我買食物給你。」接著她才轉頭和攤販要一碗菜飯，我替她付了錢，看著她吃一口後才離去。

直到離去那一刻，她都沒有和我道謝，只是用一種稍嫌不耐煩和不悅的表情看著我，我猜她根本不餓，她只是想要錢，而孩子只是擋箭牌。根據以往在非洲的經歷，他們甚至會在你離開之後把餐點退回換錢。為什麼不給她錢？因為我不知道她拿了錢會去做什麼，拿去揮霍？拿去買毒品？或是拿去賭博？我不能確定。你可能會說：「為什麼你要把人想的那麼壞？」我一開始在非洲時，是充滿熱情和助人之心的，但在太多次的失望之後，我發現太多人利用遊客的同情心，那可能反而使他們更不務正業，以為一切都能不勞而獲。

我想起在旅途中遇到的美國人，他告訴我曾在街上遇到一個婦女和他乞討，他直接帶那個婦女去超市，「你要什麼都拿吧，我替你付錢。」而這個婦人拿了很多奶粉、毛巾、洗髮精、沐浴乳等等家常用品，他們一起將這些東西搬到婦人家，婦人在離開前一直和他道謝，美國人也開心地和她道別。他說：「你可以給他們需要的，但不會是錢，那可能會害他們。」

我想起了大學時讀到的那篇文章。

被當成一台行動提款機

在坦尚尼亞鄰近吉力馬札羅山的莫西（Moshi）小鎮，逛當地市集是最接地氣的消遣，我看著琳瑯滿目的商品，當地的蔬菜大把大把地放在攤布上、各式乾糧、生牛肉和羊肉、當然也少不了馬賽族的格紋服飾。我在一攤鞋店前停留，想為自己挑一雙好鞋，這時店員殷勤地向我推銷：

「這雙才五萬先令（台幣近七百元）而已喔！」我心裡想著這絕對是觀光客價格，不久之後另一個店員也走向我，笑著說：「這雙很美啊！只要二……」他的話還沒說完，就被一開始和我推銷的店員用力地踩了一腳，我永遠忘不了當時他的雙手互扣擺在胸前，兩隻大拇指沒有規律地互敲，一臉尷尬地看著我笑，我沒多說一句話，只是掉頭就走，離開後才忍不住大笑。

在非洲時，好難好好相信一個人，我總覺得自己只是一台行走的人肉提款機。

記得那天我下午，陽光正烈，我在肯亞東邊的大城市蒙巴薩（Mombusa），搭上嘟嘟車到了碼頭，我在旅館那兒聽說也許我能從碼頭搭船去下個小島。

只見碼頭空空蕩蕩的，一點也不像有船的樣子，有個當地人走來說：「我能幫你什麼嗎？」我把我的需求告訴他，他很熱情地告訴我這裡沒有船，但我可以到南方一點的城市 Shimoni 試試看。他的過度熱情讓我覺得有些不自然，我不好意思看著他的眼睛問：「我能信任你嗎？」他爽朗的笑著說：「當然，我是好人！」我感到放心一些，接著他又告訴我更多到達小島的方法，甚至給我渡輪的電話。

和他道謝準備離開之時，他的笑容瞬間消失了，他說：「你要給我一些錢吧？」我錯愕地看著他：「你不是說我能信任你嗎？」他的表情轉為生氣：「There is nothing for free in Africa!」（在非洲沒有什麼是免費的！）我傻住了，我堅持不付！

再次被打碎的信任

「不付錢就把剛剛給你的資訊都刪掉！」他指著我的手機說。我看著他跋扈的嘴臉對比一開始的熱情，心中一涼，我拿起手機把渡輪電話刪除，搭上嘟嘟車調頭離開，在嘟嘟車上我哭了，大哭一場，我需要的是真心想要幫助我的人，而不是賣資訊給我的人，信任又一次地被打碎，失望透頂。

在非洲旅行心很累，顧好三餐和行程是小事，要分辨什麼人是真正想幫助你、什麼人只是想要錢、什麼人會偷偷哄抬三、四倍的價錢把你當「盤子」，光是應付起這些事，旅行的心情都全毀了。

後來我學會了一招，不管當地人告訴你什麼價錢，你第一反應先說：「Why?」，心虛的他們自然露出破綻，這招至少能擋下一半以上，尤其在肯亞和坦尚尼亞，但要是在衣索比亞和烏干達旅行，那又是另一個高等境界了，基本上是防不勝防的。

不過，我很討厭這樣的自己，先預設別人不懷好意的自己，想當初剛旅行時，我覺得世界真美好，人們的心都很美，我最自豪的是我能完全信任人們，而如今在非洲，我做不到了，也許這也是該學習的一課吧。

帶 Hamer 族少年看醫生

在衣索比亞南部的 Omo valley（歐莫谷地），那裡有為數眾多的少數民族，我和旅伴搭著巴士就到了 Turmi，這個城市居住著紅髮 Hamer 族，一下巴士就看見一群頂著紅髮聊天嘻鬧的婦女，像是來到了另一個世界。

有兩個少年靠上來，說要帶我們到住的旅館，接著開始推薦我們隔天可以參加的各種活動。當我們跟著他們一步步往旅館走去時，卻注意到其中一個少年沒穿鞋子，腳踝上有個手心大的鮮紅色傷口，看似剛凝固不久，上頭沾滿細沙石，我們問他怎麼了，他簡短說了車禍，

我們又問：「你怎麼不去看醫生呢？」他敷衍地搖頭說不需要，後來又繼續介紹明天的行程。這個少年才十五歲，我們猜想可能是沒有錢吧，可是那傷口再繼續拖下去絕對會潰爛，甚至可能引發蜂窩性組織炎，所以我們決定把他帶到醫院去，還替他買了雙新的拖鞋，好讓他的腳不再沾上沙土。

Turmi唯一的醫院更像是診所，在漫長的隊伍等待中，我們被圍繞在一群紅髮女人和赤裸著胸膛的男人中，倒更像是少數民族，我不太喜歡這種顯而易見的差異感。

被哄抬金額的醫藥費

好不容易等到了我們，少年在一旁填寫資料卡，我們結了帳。一起走進醫護室時，少年問我們：「你們付了多少？」，「300birr.」（台幣三百元）我們說。他愣了一下：「通常都是150birr而已啊……」，這時我們才知道原來

是又因為「外國人」的身分被多收費了，只不過這次要看病的分明不是我們，心中有一股極大的失望和沮喪升起，為什麼真心誠意地助人卻還是遭來這種待遇呢？

在醫務室裡聽見少年被碘酒消毒後而傳來的陣陣哀嚎，他的朋友在一旁笑他，我只是面無表情地看著窗外的樹想著，美麗的大自然給予人類一切，但人類卻更貪心地開始傷害大自然與彼此，為什麼大家不能好好共存呢？

在非洲的每一天，我都會想著這些問題：

我擁有的錢財有限，沒辦法幫助每個非洲人，該怎麼衡量誰真正需要幫助呢？

就算是非洲人也不代表他們每個人的生活品質都很差啊！

在收費過程中的不誠實，這樣是合理尋求幫助的方法嗎？

就算他哄抬價格，但如果那是我可以接受的價錢，那就算被騙了又如何？

雖然蘇丹也算是窮國，但為什麼沒有人會欺騙遊客呢？

我的腦袋每天都在想著這些問題，但都沒有標準答案。

為了省錢卻花費更多

那天我爆炸了。

我在衣索比亞著名的岩石教堂——拉力貝拉，準備前往下一個城市貢德爾，旅館老闆說我可以選擇私家車，付 400birr 可以直達貢德爾，並且可以自己決定出發時間；若是選擇大眾運輸工具，花費會少一半，但要先到 Wereta，再轉車到貢德爾，且要在早上五點半出發。

無須考慮，為了省錢，我選了後者。

早上四點半我就起床了，天都還暗著，能清楚看見北斗七星，昨晚晾的毛巾都還沒乾，我把它包在塑膠袋裡丟進大背包。

上了巴士，這台巴士是到 Wereta 的。裡頭只有兩個外國人，售票員知道我要去貢德爾後，他說他會直接在 Wereta 為我安排下一班往貢德爾的巴士，收費 500birr。我和他說：「怎麼可能那麼貴？直達的私家車也才 400birr，旅館老闆說搭巴士會便宜一半！」即使想和他爭論也因為太早起而有氣無力的。

售票員冷眼看著我說：「就是這個價錢，這是當地人價格，不信你可以問他們！」他指了前面兩個外國人，我心想他們又不是本地人，但是因為睡眠不足而疲憊的我也放棄爭辯了，500birr 付下去之後，我一直在想，我到底為什麼要為了付這種價錢而早起？

默默接受不合理票價

休息了一下，打起一丁點精神後，我問了前方的外國人他們付多少錢，他們說他們要到 Wereta，付了 250birr。於是我又找了售票員，說我到 Wereta 就好了，他退了我 250birr。我心想，就算其實我是要到更遠的貢德爾，我也不要把雞蛋全都放在你這個籃子裡呢！

過了不久當地人們都上車了，售票員上車一一收費，我睜大眼睛看著旁邊的衣索比亞大叔付多少錢，發現他才付 130birr，這時候心中的「果不其然」已經大過於憤怒，與其浪費精力來生氣不如好好補眠。

巴士停了，Wereta 到了，我找到了下一台要前往貢德爾的小巴士，在我一旁等車的當地人告訴我票價是 50～75birr 之間，詳細價錢他也記不清楚了，我聽了很高興，因為這樣相加之前被多坑的錢，也比私家車的 400birr 便宜了一些，也不枉費我那麼早起折騰一番又受氣了。

車子開了，收票員開始收錢，看著身邊的當地人紛紛掏出一張 50birr，我也開心地在錢包裡找到 50birr，拿給收票員時他卻當著全車乘客的面毫不留情地說：「不，你要付 120birr！」我一陣錯愕，我說：「不！太貴了！」他才降價到 100birr。我心裡為他感到不恥，價錢隨便亂開，根本就沒統一售價，多的錢只是落進自己兜裡，我說我只付 80birr 並一直拜託他，此時我覺得自己真蠢，到底為什麼我要為這不合理的事低聲下氣？最後他還是堅持不肯，我只好從錢包裡拿出 100birr 給他。

只能吞下滿滿委屈

車上很安靜，我看著窗外變化的景色，腦袋快速地運轉，我在想，好多時候，我到了餐館時打開菜單，連選都不用選，只點那道最便宜的食物，吃了不會餓就好，邊吃邊看著其他當地人和朋友們聊天嘻鬧，桌上擺著各式餐點和飲料；晚上到了旅館，櫃檯人員不必介紹，我永遠住在最簡陋而廉價的床位，甚至是直接找當地人家的院子搭帳篷，這樣努力省錢為了什麼？只期盼這趟旅行走更久、能夠體驗更多，這些一直以來的努力他們都不知道，只看到我不一樣的膚色就把我當提款機，滿足自己的口袋。我看著車裡坐在後方的一家人，脖上戴著首飾穿著豔麗；右手邊的男子攜帶一台好的電腦；前面的婦人寵愛的抱著一個嬰兒，他們是衣索比亞人又怎樣？我是台

灣人又怎樣？我在這裡沒有家、沒有奢侈的享受、戶頭裡的錢已經所剩不多……。

「我過的其實沒有你們好啊……」我在心底吶喊出這句話後，眼淚便潰堤了，看著窗戶中偶爾因為光影而映照的自己，我覺得自己好可憐，啜泣聲愈來愈大，直到右手邊的男子拍拍我的肩膀，我不理，他喊售票員過來。

售票員隔著幾個人，遞給我 50birr，要我別再哭了，看著他歉疚的樣子，我擦了擦眼淚，過了幾秒後他和我說：「你要再給我 30birr。」我才知道他壓根兒沒有要算我原價的意思，而是我先前懇求的 80birr，我從錢包掏出 30birr 遞給他，覺得又好氣又好笑，不過眼淚還是止不住地一直掉。

哄抬價格的惡性循環

還有更多更多層出不窮的、毫無止盡的、身心俱疲的故事，這就是我看見的非洲。

在衣索比亞和烏干達時，買任何東西都是兩、三倍的價格，少有講價空間，因為對他們而言，若是賣你原價，那乾脆賣當地人，他並不缺你這一筆生意。在這兒旅行，總覺得自己被排除在外，他們因為彼此膚色不同，而挖了一條很深的鴻溝，分出你們的界線。我常常在想，若是今天有個外國人快餓死了，但他錢包裡的錢只夠買當地標價的食物，那麼有人會賣他嗎？或許這個假設很極端，但在這裡旅行我常常覺得自己是孤獨的，沒有人願意站在你這邊。

但無奈的是，就算你覺得不該助長這種趨勢所以不該買，但是當大部分的攤販都這樣時，你不買會被餓死，於是事情一再惡性循環，他們反而更覺得外國人對這個價錢是可以接受的，其他原先正直的攤商也會開始對外國人哄抬價錢，這種「文化」會逐漸根深蒂固。環境的影響很可怕的，當全世界都在做壞事時，壞事就不是壞事了。

有好幾次我都好想對他們脫口而出：「我之所以旅行到這裡，是為了想更了解這個國家；而你們每個人都代表你們國家，能不能不要讓我失望？讓我好好愛上這裡呢？」

需要錢的不一定是壞人

在非洲的這段日子裡，對這裡還沒辦法坦然地說喜歡，心情很複雜。我只能說，要在這裡好好信任一個人真的需要很大的勇氣。在這裡會出現兩種極端，一種是想辦法要錢或騙錢的人，對你的好總有其他意圖；另一種則是很純樸、很誠懇、很願意幫忙，笑容中都帶著光芒的人。遇到前者的機率比後者大很多，但只要遇到一位後者就可以打從心底開心一整天，我也會更慷慨地幫助他們，希望能改善他們的生活。

我想起前陣子看的電影《寄生上流》，窮爸爸說：「你看，人家她有錢而且善良。」窮媽媽則不屑說：「不是有錢而且善良，而是有錢所以善良！」這句話能否解釋非洲的現象？

金錢就像內心的鐘擺，錢若不足，鐘擺太輕，風一吹來整顆心慌了亂了，隨意亂飄，沒有準則；金錢若足，能使內心擺動幅度穩定平衡；但鐘擺若是太重呢？容易難捏不好，導致鐘擺無法負重，掉入黑暗的深淵。

還是必須強調：需要錢的人不一定是壞人，他們只是更需要錢而已。

多年被寵壞的非洲人

在衣索比亞拉力貝拉的某個晚上，我到一間小酒館喝蜂蜜酒，晚上的風吹來有些涼，我把自己裹在白色麻布披巾裡，星星很多。

坐在一旁的衣索比亞人和我聊起天來，他們問：「你喜歡衣索比亞嗎？」

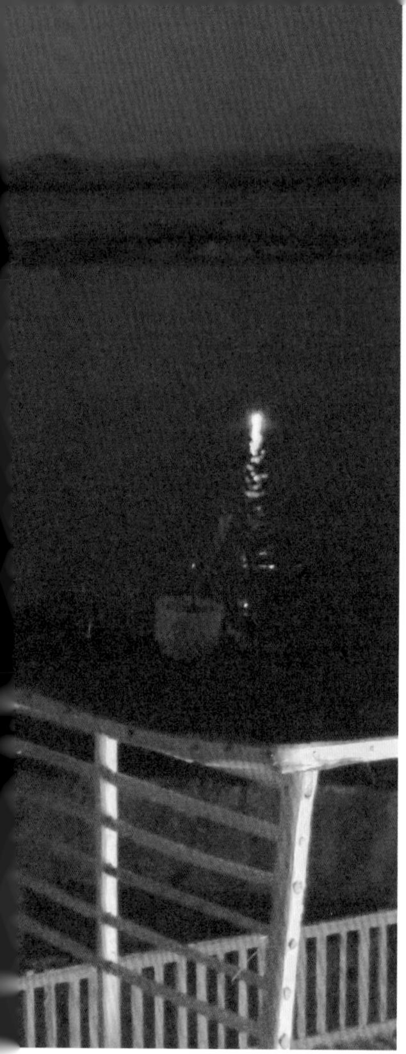

我大口灌了蜂蜜酒，讓自己暖一些，也讓醉意再濃一些後，說：「我喜歡這兒的教堂、喜歡你們有獨特的宗教信仰、語言、曆法、甚至是時間，對我而言是很新奇的，這裡扎扎實實的是另一個世界。但是，我不喜歡你們對遊客的態度，我覺得在這裡遊客和當地人之間永遠都有條深不可測的界線，沒人真正在乎我們也是有血有肉的人，只會被當成一台ATM。」

這位滿臉落腮鬍的男人是導遊，和很多外國人深交，他輕撫自己的左胸膛，微微低頭，語帶歉意地說：「其實我也不喜歡這樣。」這是我第一次聽到當地人這麼說，我有些驚訝。

「你知道嗎？非洲很多國家會這樣做是因為被寵壞了。」他搔了搔他的大鬍子繼續說：「從前非洲還很窮時，太多外國遊客來幫助當地，大則建學校圖書館，小則對當地人慷慨大方，所以非洲人也養成了遊客就是來花大錢的想法，終於也開始亂喊價，只是時代已經變了，現在來非洲旅行的人除了從前那些有錢的旅行團之外，更多是窮遊的背包客，你們的旅費有限，只是大多非洲人還沒意識到。」大鬍子說完，我敬他一杯酒，大口乾了。

「謝謝你和我說這些，我心裡好過了一點了。」接著給了他一個微笑。

從小酒館走回家的路上，滿天繁星圍繞著我，我閉上眼，對滿天

的星星許願：「願不論富裕貧窮，皆能保有善良；願不論來自哪個國家，皆能相互友愛。」

那天晚上，我看見了幾顆流星劃過天際。

咬下蘋果後

踏上坦尚尼亞的小鎮Moshi，深入馬賽人的生活，跟他們一起牧羊，共享羊肉大餐，在他們身邊的我，不再只是一位旁觀者。

不知道你有沒有被上一篇的非洲亂象給嚇到，但願我接下來說的故事能替你壓壓驚，凡事都是一體兩面的，沒有例外。那不堪的一面就像火紅蘋果削了皮後，在空氣中發黃，在這顆蘋果被丟棄前，還是得嘗嘗它的味道吧？

非洲太大了，有太多太多人，而事實上旅人們能遇見的只是這之中的一小夥人，但這一小夥人卻建構了你對非洲的全貌。仔細想想，這一小夥人會是誰呢？是接待你的旅館人員、是和外國人生活在一塊的導遊、是在大太陽底下等著你搭車的嘟嘟車司機、是在市場裡叫賣的小販、是雜貨店中在鼻子下留著一戳鬍子的店員，他們和你共同的關係是——交易，你的膚色太招搖，你代表的是富裕國家，而當你捧著錢包上門，就像待宰的肥羊。

生意人是蘋果的表面，遊客是空氣，當兩者碰在一起，多少會有些質變，而使蘋果發黃了。然而蘋果的美味，不能單單從外觀來評斷，只有大口咬下去，深入了解當地，接觸到一般老百姓時，才能看見真正的庶民生活，也才能揭發蘋果的全貌。

四處詢問旅行社無下文

第一次聽到「馬賽人」，是在讀大學時不經意轉到國家地理頻道的部落求生節目，看幾分鐘後便愛上了，他們用輪胎做成鞋子、拿吸管插進牛脖子的靜脈裡喝牛血求壯陽、穿著格紋大布做成的衣裳、拿著竹竿比賽誰跳最高便可以免費娶到一個老婆，這是另一個世界，而我卻被這個世界深深吸引，從此決心要到非洲去和馬賽人生活在一起。

五年後的今天，我踏上坦尚尼亞的莫西小鎮（Moshi），這裡有好多馬賽人居住，我一步一步走，經過一位位馬賽人，我終於不再是電視機前的旁觀者。

我走進旅行社問：「我想要和馬賽人住在一起，你們可以幫我嗎？」老闆鼻下留著八字鬍和一頭大捲髮，他說：「好，我打給馬賽酋長問問。」他們說著索瓦希里語，我一句也聽不懂，等到他放下電話，轉過頭來和我說：「可以啊！但要等酋長問部落裡所有的人，經過他們的同意，再請示政府機構，這樣就可以去了。」我聽完下巴差點垮下來，要這樣才能去？也太複雜了吧！這個流程居然要等上好幾天，我索性放棄。

走回旅館，問了櫃檯人員：「我想去馬賽人家住幾天，可以嗎？」櫃台小姐笑笑地說：「可以啊！等我一下，我打給旅行社。」她一說完我便制止拿起話筒的她，尷尬地笑一笑說：「不用了，謝謝。」終止再次輪迴。

與馬賽人做朋友

晚餐過後，我散步地走回旅館，旅館外頭站著一位穿著紅色格紋的馬賽人，他是旅館的保全Isaya，我決定鼓起勇氣問他：「你好，我想去你們部落住幾天，可以嗎？」他愣了一下，把我帶到旅館的餐廳裡，那裡有他的一群馬賽朋友，我又問了一次：「我想去馬賽部落住三天兩夜，這樣要多少錢？」Isaya 看了看我說：「可以啊！多少錢……我想一下喔……」秒針跑了好幾圈了，他終於回答：「三天兩夜一百五十美元！」「嗯？怎麼那麼貴？」我驚訝地問。「因為全部落裡的人都要抽空唱歌跳舞給你看啊！」他抓著捲曲成球的頭髮不好意思地說。

「不用不用！我不要你們唱歌跳舞，我只要你們過平常的生活，我要去看你們怎麼過日子、吃什麼、用什麼、穿什麼，這樣就好。」我有些激動地說，不願自己被當作消費他們的觀光客，我只是想更了解他們，而不只是看膚淺的表演。我聯想到上個世紀許多歐美人創立不合乎人權的「人類動物園」，他們是馬賽人，是活生生在生活的人，不是演員，更不是動物。

這一群馬賽人們聽到我說的話，面面相覷地大笑起來，Isaya 用力地拍了我的肩膀說：「你是第一個想要真正了解我們是誰的遊客！其他人都只想看我們唱歌跳舞！」Isaya 抱怨著說他們都好討厭唱歌跳舞給遊客看，那一切多不自然，Isaya 認真地看著我的眼睛和我道謝：「謝謝你真的想了解馬賽人的生活。」

最後 Isaya 算我三天兩夜四十美金包含吃住，再把一瓶酒推到我的面前，我們大口乾杯，在舉杯嬉鬧中，我知道對他們而言，這段關係不再停留於蘋果表層，我不再是遊客，我成了他們的朋友。

體驗馬賽人的日常

在馬賽部落的那些日子，每天都閃閃發光的。

一到部落，他們讓我換上馬賽服裝，是將兩塊方布交叉重疊綁上脖子，這就是美麗的衣著，他們說我從此刻起也是馬賽人的一份子，我感動得想哭，旅行對我而言最難得可貴的是在地球另一個角落，能夠找到一個可以落腳、可以好好被關心的地方。

在部落中心是羊圈和牛圈，屋子圍著它蓋，以前常會有獅子出沒偷吃牛，他們藉此保護牛群。我住在周圍最角落的一間傳統屋子裡，用牛糞和樹幹搭建而成，但屋內沒有燈，所以每晚馬賽人會為我點上油燈，然後便聚在我的屋子前，拉來一個板凳一屁股坐下，各種不同顏色的格子裝壯漢們就開始話家常，我知道他們是想陪我聊天，直到我想睡了，他們才會各自回家，這是他們的貼心。

馬賽人每天很早就起床了，五點、六點，一個個都不服輸地搶先太陽一步，任務是要帶牛羊去吃草，我也逼自己早起，跟著去牧羊。

馬賽人叫牛和叫羊的呼聲是不一樣的，也和我在蒙古學的不同，唯一的共通點是，牛羊總是對我置之不理，讓我好糗。

我和部落裡英文說得很溜的十二歲小孩 Muteli 一起牧牛，我問他：「為什麼這個時間你不用去上課？」他揮了揮手上的棍子說：「我爸說家裡的錢不夠讓兩個小孩去上學，所以我去年開始就在家幫忙放牛，讓哥哥去上學。」他淡淡地說，但背後未說出的是無奈與無計可施。

「你喜歡上學嗎？」我問，這時 Muteli 正拿著棍子打一隻牛的屁股。

「喜歡啊！你看我英文說得那麼好，因為我一向都第一名，我喜歡學習！」他的語氣高昂，像是在對這片無止盡的草原宣示，但隨後語調卻降了八度：「不過這也沒辦法……」他的視線由我轉向這片綠地，盯著草地看了很久，或者說，他只是望向未知的遠方。

我不知道該怎麼回應，只能跟著他望向這片綠地。

一場難忘的馬賽婚禮

第二天一早，被 Isaya 的敲門聲吵醒了，他興奮地說：「走！我帶你去看唱歌跳舞！」睡眼惺忪的我還沒有反應過來：「蛤？我不用看你們唱歌跳舞啊！」一邊緩緩地拿起牙刷和礦泉水，到外頭的草地上刷牙。「今天有婚禮啊！」Isaya 緊跟在我後頭說。

「婚禮！」我大叫一聲，全身的幹勁都來了，隨便洗漱之後，便跟在 Isaya 的屁股後，朝著吉利馬札羅山方向的另一個馬賽部落前進。

結婚典禮快開始了，馬賽人拿著利刀開始宰羊，先在羊脖子上劃上一刀，再按著脖子讓羊血

噴射出來，他們趕緊拿著盆子接羊血，馬賽人說等等要煮羊血湯，一隻活蹦亂跳的羊隻過沒多久就骨肉分離了。他們還切出新鮮的羊腎，說是要讓我嘗嘗馬賽佳餚，面對他們的熱情，我只好勉為其難地接下了，不過意外好吃。後來馬賽人把羊血和羊肉湯一起烹煮，據說是強身健體的利器，我也喝了一碗，竟然沒有任何腥味，羊血只是讓湯變得更濃稠而已，口感有點像是羊肉羹湯，我非常喜歡。

新娘隨著婆婆的牽引走進會場，有趣的是他們走得特別、特別慢，因為他們要在這僅僅五十公尺的路程中「收紅包」。如果有人給新娘錢，她就向前邁進一步，這時眾人會大聲歡呼，這就是馬賽婚禮的特別之處，新娘會故意走得特別慢，為了收到更多紅包。我身上沒有多餘的坦尚尼亞幣，只好給新娘一塊錢美金，新娘驚喜地往前走了一大步，大家也紛紛對我拍手叫好，因為我造就了偉大的一大步！（搞

得像太空人上月球一樣）

獨自吃飯是不被允許的

到了吃飯時間，馬賽一群人圍著我，他們說馬賽有一個傳統：不准一個人吃飯！馬賽人如果肚子餓，一定要找其他的馬賽人一起吃才行，我好奇地問：「那如果其他人都不餓呢？」馬賽人說：「那就吃一點點，總之不能一個人吃。」我被逗得哈哈大笑，我覺得這個傳統可愛死了，然後在心裡默默開心著：我終於成為這裡的一份子了。

在部落裡走動時，我常常感覺自己變成了一隻大玩偶，走到哪裡總有小朋友突然冒出

來，朝我狂奔過來，再一個跳躍把我緊緊抱住，還常常會有小孩軍團為我這隻大玩偶吵架，把我的心搞得亂亂的但也暖暖的。走在部落比城市裡還要自在，因為城市裡人人都講流利的英文，卻常常向我兜售東西；部落裡到處都有人招呼我進屋喝茶，即使語言不通卻永遠掛著笑容。

最幸運的是，我最後還是看到馬賽人唱歌跳舞了，他們不是為我而跳，我感到十分慶幸。男生們圍成一圈，手持竹竿，輪流「馬賽跳」，偶爾跳到心儀的女孩身邊，這是一種示愛的方式。女孩們在男生圍的圈中間，穿著鮮豔花色的布

裙，脖子上戴著像黑膠唱片那麼大的圓盤狀首飾，奮力地抖動肩膀，我也模仿他們參與其中，配上歡樂的笑聲，眼神流轉在這一幕幕鮮豔的脈動中，有好幾個恍惚的瞬間，我覺得我上輩子就是個馬賽人，而這輩子我終於又回家了。

布滿爛瘡的肚皮

離開馬賽部落那天，我到雜貨店買了二十本筆記本和鉛筆，幾乎把小雜貨店裡所有庫存都清空了，一開始大人們建議我買糖果、餅乾，但我思考之後還是買了紙和筆，這是祝福，也是我的願望，希望他們能愛上學習，長大之後能有除了放羊和保全外的其他選項。我先給 Muteli 一本筆記本和鉛筆，我說：「我希望你很快就能帶著它們去學校。」他望著我，像要看進我眼裡的最深處，接著給我一個大擁抱，「謝謝……謝謝……」他說了好多次。

發放筆記本的過程中，我看見一個六歲孩子沒穿衣服，橢圓形鼓鼓的肚子上，有一塊比手掌還大的爛瘡，我瞥了一眼不忍心地趕緊轉移視線，他們說這個孩子前幾天玩火，不小心燒傷了，我遞給他筆記本和筆，心疼地摸摸他的頭，他看著我笑，彷彿肚子上的爛瘡只是假象，後來在發放筆記本的過程中我一直心不在焉，時時想著那個佈滿爛瘡的肚皮。

一問之下，才知道原來孩子的叔叔就是 Isaya，我問 Isaya 怎麼沒帶孩子去醫院，他兩顆眼睛圓滾滾地看著我，表情沈重了起來，他說孩子的爸爸靠著牧羊維生沒什麼錢，而他下個月才會領薪水，我心裡一陣酸，馬上到了最近的銀行領錢交給 Isaya，Isaya 看到這些錢後馬上用力地抱住我說：「你真的是 Malaika（索瓦希里語的天使）！」我輕輕撫了 Isaya 的背說：「那些孩子才是Malaika！快去吧，快帶他去醫院！」

給予幫助的喜悅

國小時曾在課堂上聽了老師說非洲沒有乾淨水可以喝的故事，從此告訴自己以後一定要去非洲幫助人，後來的後來，我和大家一樣隨著長大淡忘了孩提時天真的夢。

「快去吧，快帶他去醫院！」說完這句話，我才回想起十幾年前的夢，現在以我微薄的力量實現一點點了。

世界大同很難，要幫助所有的人也很難，我的能力有限，比起上一篇文章遇上的那些人，我只能幫助那些選擇權比較少的人，像是大多未來只能選擇保全或放牧的馬賽人，我想這麼做才是讓這些錢流向更有意義的地方。

我不能說自己已經做到了大公無私的地步，只是在給予幫助的同時，我突然有了一種奇妙的感覺，是發自內心的滿滿喜悅。我突然了解陳樹菊女士為什麼願意自己省吃儉用、樂善好施了，因為生活真的不需要擁有太多，夠了就好，生活夠了，剩下的就拿去豐富心靈吧！

在心裡開出一朵「理解」的花

走過馬賽部落，遇上紅髮 Hamer 族與鄰居 Mursi 族，他們許多特殊的習俗與審美觀，總是讓我在震撼中成長……

乘上細輪子的摩托車，駛過蜿蜒的小徑，再途經坑坑洞洞的黃土路，我和我的連環尖叫聲一起到了馬賽的部落，而我要在這裡住上幾天。

「馬賽人最多可以娶十個老婆你知道嗎？」部落裡那位胖胖的英語通對我說，他一身傳統格子裝，手持著馬賽的長棍，卻戴著現代人的黑框眼鏡，看起來違和得不得了。「我知道啊！只要有十頭牛就可以娶一個老婆，一百頭牛就可以娶十個老婆，對吧？」

「是啊！我有兩個老婆了，你要不要考慮嫁進馬賽部落呢？」這位黑框大叔戲謔地看著我笑了一下，我給了他一個白眼：「可以啊！但以我的身價恐怕要一百頭牛喔！」說完我們都笑了。

馬賽男人最多可以娶十個女人，甚至在一年一度的慶典中比賽「馬賽跳」中，跳最高的那位男子代表最勇猛的戰士，可以「免牛」迎娶一位新娘，這是馬賽的傳統。

紅髮 Hamer 族

衣索比亞的南方，那裡是我旅行的天堂，充滿著大大小小未被現代同化的傳統部落，一個地球裡卻有塞滿各式文化的小小世界，旅人在這些世界裡穿梭，是最幸福的事。它們有各自不同的

文化風俗，當然駭人的也不少。

Hamer 族，他們是紅髮的民族，在他們的審美觀中紅髮是美麗的，女人們會把紅土抹在頭髮上，搓揉成一束束吸管粗的即肩紅髮，配上他們黝黑的皮膚，黑紅配色下看來的確有幾分姿色，他們在舞蹈中搖擺身體，一頭紅髮散開像展開的傘，真的很美。

某些 Hamer 族女人是不穿上衣的，記得我第一次看見他們裸露乳房，自若地行走在人來人往的市集當中，一旁的男人卻也不屑一顧，我還真被嚇了一跳。後來才知道，Hamer 族沒有穿上衣是稀鬆平常的（或是偶爾披上牛皮製的上衣），這幾年遊客陸續滲進了他們的生活，在感受到遊客異樣的神情後，許多婦女才開始模仿穿上現代人的上衣。這麼想來也有點悲傷，我們擅自走進了他們的生活，而改變的卻是他們，雖然這好像也是「地球村」該付出的代價。

在 Hamer 族小孩的帶領下，我們走進樹

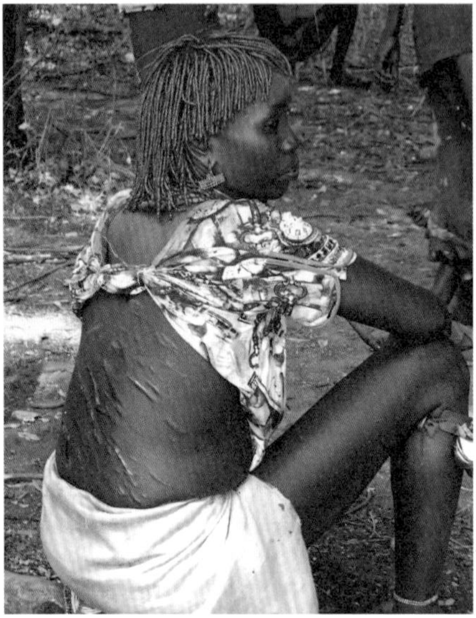

林中，越過了一條幾乎乾涸的小河，來到一叢隱蔽的荒野中，參加了 Hamer 族的跳牛儀式。跳牛是 Hamer 年輕人的成年禮，這位即將成年的年輕人手裡握著木製的棒狀信物，在一旁緊張地看著典禮中跳舞的 Hamer 婦女，他們都是年輕人的親戚們，而他待會兒就要跳在十幾頭牛的背上，只要他不摔落即可完成成年禮儀式。

一窺皮開肉綻的畫面

在跳牛典禮正式開始之前，還有一樁讓我永生難忘的重頭戲——「鞭打 Hamer 婦女」，沒錯，不是鞭打牛，而是鞭打婦女。

執鞭的男人拿著長長略有彈性的樹枝準備著，他對著正前方站著準備挨打的十幾名女性，大力地揮舞鞭子，在空氣中殺出一陣風，發出了讓人顫慄的「咻咻」聲，最後一下大聲的「啪」，瞬間換來了一條條血漬。奇怪的是，這些婦女沒有人尖叫、沒有人害怕，她們大多興奮、期待，甚至被鞭打完後還爭相著跑到執鞭者面前再度「討打」。

看到那一條條的血肉模糊，讓我第一次真正了解「皮開肉綻」是什麼畫面，在一旁觀禮的我邊吞口水邊在某些關鍵時刻趕緊雙手摀住眼睛，不忍直視。老實說這個場景有些荒謬，讓我想到一句閩南語諺語：「郎勒呷米粉，哩勒話咻！（人家吃米粉，你卻覺得燙）」，Hamer 婦女一個個興高采烈，而旁觀者卻替他們心疼，或許他們也因為我們驚嚇的表情而覺得可笑吧！

一問之下才知道，Hamer 族深信，若是你的背上有愈多條傷疤，天神便會愈保佑你的家庭和諧美滿，這對 Hamer 婦女而言是種榮耀，也同樣是 Hamer 的審美觀，而擁有越多條傷疤的女人是更美麗的。

儀式結束後，我跟在這些 Hamer 女人的身後一步步離開「執刑」的荒野，盯著眼前那些還待風乾的血條，我一步步走得沉重，為什麼呢？她們怎麼還能在我面前嘻笑談天呢？到底是怎麼樣的文化演變成至今需要鞭打的儀式？我陷入了漫長的思索。

吃飯才脫下嘴裡的盤子

同樣是在衣索比亞南部的歐莫谷地，我們搭上了觀光客的小巴士，迴轉了好幾個山巔，趁著還沒暈車前，終於來到了 Mursi 族的領地。要是你不知道此行的目的，你肯定會生氣，小巴士為何把你載到一個鳥不生蛋的路邊，但是 Mursi 族的部落就是如此隱密，需要再走進這毫無路標的樹林裡才能窺見一片新天地。

正因如此，Mursi族在很晚才被世人發現，一九七〇年代一位英國探險家發現了樹林中的Mursi族，此時Mursi族的神祕面紗才被揭露，而Mursi族也才在此時知道自己安穩的小天地，竟然屬於衣索比亞。他們不只是單純的「他們」而已，更是衣索比亞的國民。

Mursi族，也就是俗稱的「唇盤族」，他們的駭人程度也不妨多讓。這裡的女人下唇裡被塞進了一個個華美的盤子，就像他們身體的一部分，和現代人的牙套有異曲同工之妙，皆和生活緊密連結。他們在吃飯抽菸時才脫下，喝水時就扶起下唇的盤子把水倒入盤中，再將盤子往上一抬，倒入口中。

Mursi族少女在十幾歲時就將下唇割開，塞進盤子，隨著年紀增長會不斷替換更大的盤子，就像泰北的長頸族那樣，脖子愈長愈美，而Mursi族是盤子愈大即是愈美。

據說唇盤的歷史該回顧到久遠以前的部落戰爭，當時Mursi族為了保護族裡的婦女不被外族侵犯，便將婦女的下唇割開破相，外族自然就不會碰這些女人了，久而久之演變成一種審美。看著Mursi婦女將盤子取下，下唇像是一條圓而粗大的橡皮筋，在下巴處微微晃動著，內心一揪，我用力咬著下唇，很難想像我的嘴唇變成那樣，那對我而言是難以接受的酷刑。

強壯女性才能撐起家庭

不論是馬賽多妻制，還是Hamer的鞭打婦女，抑或是Mursi的唇盤，這一切都讓人內心一酸，該被改變嗎？還是該尊重多元文化？這些問題在這幾年的旅途中一直盤據在我的腦中，就像藤蔓那樣愈來愈糾結。

坦白說，我們台灣也有許多讓外國人覺得不可思議的習俗，像是鹽水蜂炮、炸邯鄲，甚至是乩童「起駕」打得自己滿身是血，我們可以接受自己文化有如此豐富的樣貌，那對於不熟悉的國外呢？

後來的後來，我才明白了，我們可以接受自己的文化，是因為我們了解它，不論是改變或是尊重，都沒有比真正理解還來得重要，唯有真正理解才得以無須在改變和尊重中徘徊。

在非洲待了大半年之後，我終於真正理解了，對於這些部落而言，這一切的脈絡都來自於他們喜歡「強壯的女性」。

後來馬賽人告訴我，很多時候他們決定再娶第二個老婆，是由於第一個老婆的要求。對馬賽人而言，娶妻的審美是「強壯」，因為馬賽的女人需要做很多的家事，當老婆比較老了、力氣不夠了，無法負荷家中的大小事，他們會要求老公再娶一個老婆來分擔家事，因為對他

們而言，「愛情」不是婚姻最重要的元素，能好好撐起一個運作得宜的家，才是家庭最好的樣子。

先丟掉自我標準與批判

在非洲這樣完全不同的世界裡，我常常在震撼中成長，我不禁開始思考，若是擁有飽滿的愛情但是婚姻生活卻扛得辛苦，這能算是幸福美滿嗎？不被愛情禁錮的家庭，只是因為他們想要好好落地生根再長出一個家；若是養分不夠了，就再加入一個人，讓家能長得更好，如此而已，這就是馬賽人帶給我的智慧。

我們的社會用教育、用知識來擇偶，這個男人很聰明，能夠打出自己的一片天地，所以我喜歡他；這個女人有氣質有想法，是個知書達禮的好太太，所以我喜歡她；在非洲部落，他們也許不像許多現代化國家的擇偶標準，因為在部落裡生活，有氣質、有知識並沒有辦法生活得更好，在荒野中「力量」才是一切。

所以 Hamer 族婦女被鞭打，背上的傷痕愈多，代表她能承受的痛苦愈大，視為愈強壯；Mursi 族婦女的唇盤，盤子愈大代表可以附載的重量愈重，也代表更加強壯。

這就是他們認為的美啊！

那些我們還沒真正理解的，人們用自己的標準去批判的例子有太多了！

以前的新疆人隨身都配戴一把短刀，你可能覺得他們野蠻，但那是因為他們餐餐吃羊肉，短刀讓他們更方便用餐；以前西藏人一輩子只洗三次澡：出生、結婚、死亡，你可能覺得他們很髒，但那是因為西藏位處高原，洗澡容易起高原反應，於是西藏人相信洗澡會把福氣洗掉；穆斯林男人可以娶七個老婆，你可能覺得他們對婚姻不忠，但那是因為古早的穆斯林男人常打仗，戰死後老婆無依無靠，於是他們娶更多老婆組成一個龐大的家庭，讓他們彼此可以相互依靠。

尊重獨一無二的生命

旅行教會我不該再拿自己的標準看待一切，因為我們從不同的土壤中長成自己的樣子。而在非洲這片土壤中，有我沒接觸過的智慧和養分，他們本就該長成自己獨一無二的樣子，沒有人有權利將他們連根拔起，放進另一片不適合他們生長的土壤中。因為有這片孕育他們的土地，於是他們成為他們，我們才成為我們。

不同文化需要互相理解，就像理解不同的人一樣。我們每一個人也都是不同的個體，當你在和其他人處不來時，是不是想過要改變他呢？或是試著尊重你們的不同？也許接下來你還有另一

MURSI
TRIBE
2018RO
1105ANN

個選項：學著了解他的生長背景和環境，是什麼造就今天的他，也許就能更加釋懷了。

該改變嗎？該尊重嗎？這個問題現在已經不再糾結我了，就像藤蔓已被斬斷，生出一朵美麗的花——稱作「理解」，唯有真正理解，才能不帶批判更不帶歧視地看待不同文化，我們能做的、該做的，就是彼此交流，用我們的養分灌溉彼此，讓這株各自長在自己土壤裡的植物，能夠吸取更多元的營養，長成「各自選擇」的更好的樣子，這樣不是很美嗎？

世界上有種的人很少

蘇丹旅行時遇見一位神人Peter，他曾花光積蓄買下一台舊巴士，靠著一把金屬探測器行遍世界，就為了找到金礦與寶石……

在非洲旅行會遇到數不清的鳥事，與數不清的神人，而他大概就是神中之神——Peter Rongsted。

Peter，丹麥人，從十五歲開始旅行，走過九十個國家，現在已經五十歲了，而我們在蘇丹一間一晚只要六十元台幣的旅館中認識，你知道的，窮背包客會所。

帶金屬探測器四處挖寶

神的並不是他去過九十個國家，事實上我也不在乎。說到這裡我忍不住要破除大眾一些迷思，有些人總愛說嘴自己去過超級多國家，但有沒有真正認識當地又是另外一回事了，我在年輕時（十二歲）跟團去過日本石垣島兩天，但我沒在那和半個日本人講過半句話，這樣真的算是到過日本嗎？反之，我去過中國超過十個省，待了半年多，它也只能算是一個國家。有些人旅行只是為了要到達某國，所以才「經過了」很多國家，對我而言重要的不是你去過幾個國家，而是你能說出多少故事。

好，扯遠了，但這傢伙的確有很多驚人的故事。

神人 Peter 他啊，靠著找金礦和寶石旅行，用一把一公斤重的金屬探測器，到過世界許多蠻荒的地方找寶物，也曾因此賺了一筆可觀的數字，我都想拜他為師轉行了。（敬請期待，粉專將改名為：「我終於有錢了，因為我去淘金了！」）

在旅館的第一晚，蚊子大軍不停地在耳邊肆虐，我和 Peter 被吵得無法入眠，我們索性就到陽台聊起天來，我問 Peter 怎麼會想到要去挖金礦找寶石呢？沒想到這個故事發展竟然讓我興奮得睡不著覺，真的不適合當床前故事。

花光積蓄開巴士挖寶去

「我在十五歲時當了帆船員，跟著船隊去了好多國家，遇到好多有趣的人，這樣的日子過了三年，十八歲時我回到家，我在想接下來我要做什麼呢？我想起當帆船員時有個人告訴我挖金礦淘寶石的事，我突然感到無比興奮，於是下定決心要做！」Peter 的語氣激動上揚，搭配舞動的手勢，我知道他一定很懷念當時的熱血。

「What the fxxx...」太酷了，我忍不住爆了粗口。

Peter 對我笑一笑，點了一支煙，白色煙霧隨著他的故事一起傾吐而出：「於是我把這三年當帆船員存下的所有積蓄拿去買一台舊巴士，那讓我爸媽都氣瘋了！」我瞪大眼睛，這簡直太瘋狂了！「後來呢？」我興奮地問。

「後來我把巴士中一半的空間改成廚房、衛浴、床，最後剩下十五個座位，接著我去登報，你知道吧？那個年代是很仰賴報紙的。」我點點頭。

「我在一個小小的欄位寫下：『我有一台舊巴士，我要去摩洛哥找寶石，有興趣想一起去的人請到 xxxxxx 地址來找我』，結果你猜怎麼了？」Peter 看我一眼，也沒等我回答，他就急著揭曉答案了：「沒想到過了兩天，我家門外排了三十幾人的隊伍，他們都想和我一起去！哈哈哈哈哈哈！」他意氣風發地大笑，笑聲迴響在陽台裡，空氣也跟著躁動著。

「最後我挑了十五個年輕人和我一起去，我們幾個丹麥年輕人對寶石都一竅不通，到圖書館借了幾本寶石的書，坐上巴士從丹麥出發，經過德國、法國、比利時、西班牙等等國家，我們在巴士上聊天、唱歌、跳舞、讀書，每天都充實又自在，最後連著巴士一起搭上渡輪，到了摩洛哥。」聽到這裡我簡直難以置信，就像在看一部冒險電影，我全身的細胞都跟著熱血沸騰起來。

沒想到舊巴士出了意外

我催促 Peter 繼續他的故事，「我們在摩洛哥待了兩個半月，到了每座山上，撿了占滿好幾個床位的石頭，但你知道吧？我們根本也不敢確定撿到的到底是不是寶石，總之一路上都很開心，最後我們原路返回丹麥，又花了三個月的時間，不過啊……沒想到……」Peter 停頓了一下，他是傑出的說書人，所有好故事都有一個讓人意想不到的轉折。「沒想到什麼？拜託你快點說！」我身體朝著他往前傾，雙手握在臉前面，體內的神經都緊繃著，期待他的下一句話。

「在抵達丹麥首都——哥本哈根的前半小時，我的舊巴士引擎竟然著火了，我們十五個人帶著行囊和石頭發狂地逃出巴士，額頭上豆大的汗水劃過臉頰。我們幾個呆呆地站在巴士外頭，看著這場突如其來的大火持續焚燒，直到巴士整個化為灰燼。」Peter 的語氣低迷，他將手上的菸撚進煙灰缸裡，用食指和大拇指用力地扭動煙頭，直到火光熄滅剩下灰燼。

「那該怎麼辦？」我深怕這就是故事的結局，語氣中我不敢催促，也不敢輕慢。

Peter的手抽出了煙灰缸，手插在胸前，他突然表情一轉地放聲大笑，「我後來賣掉那些石頭，結果呢？竟然賺回了我所有的一切！」他在我的臉前面用力擊了一個掌，強迫我從前一段低迷的故事中驚醒，「我買巴士的費用、裝修的費用，還有這趟旅程的旅費，我全部賺回來了！哈哈哈哈哈哈哈哈！」他笑得神采飛揚，我則是在一旁目瞪口呆，就像看了一部驚心動魄的好電影那樣，內心的激動遲遲無法平息。

「所以你說，我能不繼續嗎？」Peter的笑聲不斷迴盪著，這就是Peter找寶石、挖金礦的開端，聽完之後熱血沸騰的我，過了好久好久才睡著。

Just Google it!

在旅館的第二晚，我們買了強效滅蚊劑，在房裡每個角落噴灑一圈之後，我和Peter在門外等著那些惱人的蚊子昏迷，還有噁心的氣味散去。

「Peter，我很好奇，你怎麼知道哪裡有黃金和寶石？」我問。

Peter馬上回答我：「很簡單啊！Just GOOGLE it！」他特別強調Google一詞，我皺了個眉頭說：「What？」

Peter拿起手機，打開Google圖片，在搜尋格裡打了「Sudan Gold」，他把手機螢幕轉向我，頑皮地笑著，眼睛瞇成一直線說：「喏！這不就出來了嗎？」

我接過手機，滑著一張張金礦位置分佈圖，我啞口無言。「可是……可是……」我試著要找出事情的疑點，「可是……如果 Google 都顯示出來了，不就代表這些金礦被挖完了嗎？」看著 Peter 有自信的樣子，害我的語氣有萬分猶疑。

「金礦是一條礦脈，螢幕顯示的地方代表周圍很可能也有。」Peter 說。

「可是……可是……如果真的那麼簡單，那不是大家都可以去挖金礦了？」我說。

「你太天真了！」Peter 笑著說，他站了起來點了支煙，大吸了一口。

Peter 接著說：「世界上不是所有人都會去 Google 這些東西，也不是所有 Google 過這些的人都敢去這些地方，就算敢去這些地方也不一定有耐心，在地圖上看起來一丁點大小，走路卻要好幾天，在大太陽底下，拿著探測器，聽著頻率一樣的滴、滴、滴、滴、滴，多少人忍得住呢？」

Peter 兩手往旁邊一攤：「你知道嗎？世界上有能力的人很多，但有種的人很少。」

徒步沙漠三天的體驗

「世界上有能力的人很多，但有種的人卻很少。」當 Peter 說這句話時，我的心重重地震了一下，是啊，這幾年的旅行不就是一直在證明這件事嗎？

我回想起幾年時我在內蒙古時，青旅裡有幾個朋友告訴我：「柔安！我們想要去徒步沙漠，你要不要一起去呢？」

「蛤？徒步沙漠？」又不是在演《神鬼傳奇》，這種事怎麼可能發生在現實中？「很簡單的，相信我。」朋友領著我到超市，買了大量的水、火腿腸、泡麵、小黃瓜，隔天一早我們四人走進入內蒙古的庫布齊沙漠。

「徒步沙漠」這件看來浪漫到脫離現實的詞彙，若是你能鎮定下來，將之剖析一番，那不過就只是「帶著 GPS 和行動電源、足夠的水和食物，走進一片充滿沙子的土地，如此而已。」仔細想想其實和登山有異曲同工之妙，差別在於地形不同罷了。

我們在沙漠中走了三天，盯著手機裡的 GPS 定位，餓了就吃火腿腸、渴了就啃小黃瓜和喝水、累了就停下來休息，鞋子進沙了就脫下甩一甩、想睡了就找塊沙漠谷地搭帳篷、生營火、泡泡麵，還有滿天星星伴著你，一切再自然不過了。在大自然中跟隨大自然的作息、跟著身體誠實地做出反應，如此而已。

徒步沙漠和挖金礦一樣，詞彙表面上看似天方夜譚，但冷靜下來想一想，按部就班地做，也不過如此而已啊。

「世界上有能力的人很多，但有種的人很少。」這句話一直在我腦中徘徊。

那天晚上，我又過了好久好久才睡著。

There are many people in the world who have the ability, but there is very little courage to do.
2018
11.18

自由的代價

在印度遇見流亡的藏人，他們無法回家，還經歷許多無法想像的苦難，都是為了自由而必須付出的代價……

走過愈來愈多地方之後，我才明白，原來幸福是被比較出來的，自由也是。自由對於我們就像空氣和水，是理所當然的存在，但對於世界上某些人而言，卻需要付出極大的代價。

兩年前，我在達蘭薩拉，那是位於印度北方，海拔兩千多公尺的小鎮，氣候宜人舒爽，是人們口中的「小拉薩」，號稱比西藏還要更西藏的地方。

再也回不了家的藏人們

西元一九五九年，西藏最高宗教領袖達賴喇嘛尊者，為了躲避中共的追捕，逃難到印度達蘭薩拉，從此以後有為數眾多的西藏人為了追隨他們心目中偉大的尊者，也為了追求宗教自由，賭上性命翻越喜馬拉雅山，到達內心的理想之地——達蘭薩拉。

「在我小學五年級時，拿了媽媽給我的學費，交給帶路人，我就和當時的好朋友一起來到了印度達蘭薩拉。」在我眼前的是一位上了年紀的僧人，他披著紅色僧服，手持念珠，他看著遠方霧氣繚繞的山巒，若有所思地說著。

「當時我根本什麼都不知道，我只知道我們的神——達賴喇嘛尊者在這裡，所以我就來了。

當時很興奮啊，見到尊者的那一刻，我不自覺地淚流滿面。」藏人第一次見到尊者的喜悅是難以言喻的，那幾乎是他們內心的救贖。

僧人繼續說著：「沒想到這一走就是四十年啊……」我好奇地問：「難道你當時從西藏逃出來時，從沒想過不能再回去嗎？」我們兩個一起繞著大昭寺順時針行走，他娓娓地道出那令人傷心的過往。

僧人搖搖頭：「我那時候還小，根本不知道什麼是政治，也不知道走了就回不來了。直到兩年前，我媽媽來印度找我了，我們一見面就抱頭痛哭，我不斷為了四十年前的莽撞道歉……」他嘆了一口氣：「後來她才告訴我，我爸爸已經在幾年前過世了，我只能一直哭一直哭，什麼也做不了……」他的眼神裡有迴旋的黑洞，我看不盡裡頭的憂愁。我不知道能說些什麼，只是默默陪伴。

他是我在達蘭薩拉交到的第一位僧人朋

友，然而當時的我並不知道，原來如此讓人心痛的故事，在這裡——達蘭薩拉，幾乎是人人經歷的過往。

為了生存發生肉體關係

巴登，他是我非常要好的朋友，在達蘭薩拉的每天我們都一起吃飯，談些無聊的笑話，或是毫不留情地嗆對方，我們就是這樣的好朋友。他今年二十六歲，和我同年紀，卻有個和我完全不同的人生經歷。

他爸媽都是拉薩人（西藏首府），十二歲就跟著隊伍花了三個月徒步翻越喜馬拉雅山，途經尼泊爾，最後來到印度達蘭薩拉，成為我們口中的「流亡藏人」。

「前三、四週我們都是晚上趕路，那時候最接近中共監視，如果被發現可能會直接被槍斃，或是帶回去監禁，所以我們要特別留心，在那之後才能在白天行走。當時我們每個人都

背著三個月的糧食，不外乎就是水和餅乾，每天吃的都一樣。」那天我們在他最喜歡的鼓棒餐廳用餐，他突然聊起了往事，並指著盤裡的Momo（西藏美食，類似餃子的口感）說：「看！這才是人吃的東西！」

巴登還告訴我一件讓人心痛的事實：「在翻越喜馬拉雅山時，有時會有女孩子受了風寒，而影響到整個大隊行走的速度，在晚上時，帶頭的領隊就會和她發生性行為，為了讓她身體暖起來。」聽到的當下我難過地大口吸氣，「難道一定要這樣嗎？」我問。「不然怎麼辦？在那樣的環境下，撐不下去就只能等死。」巴登這麼回答我。如此殘酷的現實，不然能怎麼辦？就算心痛卻也無能為力。

徒步喜馬拉雅山成常態

巴登繼續說：「到了尼泊爾之後，我們就安全了，那裡的藏傳佛教寺廟會非常款待我們，

供吃供住之外，還會給你一些路費，確保你安全到達印度達蘭薩拉，哎！沒想到轉眼間來到這裡已經十幾年了。」他面無表情地說著，不知道是因為事隔久遠，已經無感了，或者是在這座流亡藏人的城市裡，「徒步穿過喜馬拉雅山」已經不是壯舉，是他們每個人必經的歷程，就像我們讀書、吃飯、上大學那樣平凡無奇。

「當初你不知道沒辦法再回家嗎？」我夾起一顆 Momo 往嘴裡塞，看著窗外幾隻老鷹在上空盤旋，一圈一圈地守護這座山中小城。

「那時候我還那麼小，什麼都不知道，爸爸有天問我要不要出國時，我只是傻兮兮地覺得出國很酷，就答應了，沒有想過所謂出國竟是一去不復返，我永遠都沒辦法再回家，也沒辦法再見到我爸爸媽媽。」巴登訕訕然地說，他也瞥了一眼窗外的老鷹。

我看著巴登，再看看老鷹，心裡在想，他會不會羨慕那些老鷹呢？怎麼地球上的霸主——人類，因為愚蠢的政治因素，而比不上這些禽鳥還來的自由？

無法觸及故鄉的土地

Sonam，我另一個重要的朋友，他大我兩歲，爸爸是漢人，媽媽是藏人，所以他並沒有徒步喜瑪拉雅山的壯舉。半藏

半漢的Sonam，仗著他的個頭比同年齡的孩子大，謊報年齡弄到了一本漢人假護照（藏人不允許持有護照），來到了達蘭薩拉。

達蘭薩拉那段清亮的日子裡，我和Sonam常常一起做飯、一起走在窄窄的小街上，尋找適合的食材，和他肩並肩走在一塊兒時，我總喜歡和他分享我的旅行故事：「這裡的山和蒙古的山有點相似喔，還有天上盤旋的老鷹，蒙古那兒也很多呢！」每當我興奮地說起那些過往，他總是靜靜地

聽，偶爾會岔開話題，和我聊聊他在西藏的童年，我很享受這些時光。

很久之後，我才知道他其實不愛聽我講那些旅途中的故事。

回到台灣之後，因故我們斷了聯繫，這陣子我才輾轉從朋友口中聽到，Sonam 已經離開印度了，我驚訝地問：「他的難民證不是只能待在印度嗎？他怎麼離開的？」流亡藏人沒有護照，只有印度政府發的一張特許身分證和難民證，他們基本上是沒辦法離開印度的，朋友說：「他好不容易湊到了台幣三十幾萬，找人幫他弄了本假護照，他應該已經到法國了。」我聽了驚訝許久。

我又重新對 Sonam 送出了交友邀請，和好久不見的他恢復了聯繫。「到法國了嗎？一切都還好嗎？」我絕口不提往事，只想關心他的現況。

過了一會兒，那頭的訊息發來了：「一切都好，你呢？我現在在非洲，之前才剛去土耳其的伊斯坦堡，你去過的地方。」接著他傳了張和藍色清真寺合照的照片給我，他看起來還是和以前一樣壯碩。

「沒想到你也去旅行了，真好。」其實他不愛聽我講那些旅途中的故事，是因為那些故事離流亡藏人的他太過遙遠，只能是觸摸不到的幻想，現在我為他感到欣慰。

為自由付出代價

訊息又傳來了，過了兩年毫無音訊的日子後，現在收到他的訊息都讓我感到彌足珍貴。「以前在達蘭薩拉常常看到那些背包客背著大包包走在路上，總覺得難以理解，終於，現在我也是了！」我看著訊息，眼睛酸酸的，為 Sonam 開心地哭了。

我們曾經談過一小段感情，後來因故告終了，當時一直重複聽著怕胖團的歌〈魚〉，邊聽邊哭，想著他是魚，而我是鳥，一個到處走的旅人該怎麼和流亡藏人的他相戀呢？這就像是一場不同時空的戀愛。

如今，他也變成鳥了，我這才知道，自由是被比較出來的，而且絕對不是理所當然的存在，不管是巴登還是Sonam，他們都付出了好大的代價，離開了家鄉、離開了親人，最後還付出一大筆錢，才終於換得我們理所當然擁有的自由。

他終於變成小鳥了，他從西藏的小鳥籠，飛到了代表宗教自由的印度大鳥籠，現在飛向世界，成為一隻可以自在翱翔的鳥了。

救援蘇丹大烏龜計劃

還記得與 Shanti 初次見面的殘酷畫面，讓我們決定展開一場動物救援，可是找到能安置牠的新居實在大不易……

「你看！那個人屁股下坐的是什麼？」我的英國朋友說，接著我們轉頭一看，差點沒氣死。那是我和 Shanti 的第一次見面，Shanti 是一隻蘇丹的大烏龜，而那個混蛋屁股下的椅子，正是 Santi 的龜殼。

蘇丹的天氣熱的驚人，大太陽下，我和丹麥人 Peter、英國人 Ben、已經忘記名字的德國女生（真慚愧）、和擁有可愛笑容的巴西男生，一起汗流浹背地走在蘇丹首都喀土木裡最大的露天市場。越過了蔬食區、乾糧區、生活用品區、禮品區，這市場大的讓人走到雙腳發酸，最後到了寵物區。

一走進寵物區裡，我看到被關在籠裡的各種鳥類，有鸚鵡、公雞、白鴿、甚至是老鷹，發酸的腳不酸了，因為沒有資格酸了，至少我們都還能自由地走。Peter 心疼地蹲下腰看看這些可憐的小動物，這時候身著花襯衫、留有捲曲頭髮的老闆站了起來，毫不費力地把屁股下的「椅子」翻面，沒錯！這混蛋將 Shanti 顛倒著放，他的烏龜腳在空氣中用力擺動，卻也無計可施，就像翻了身的蟑螂一樣，而 Ben 就是在這時發現 Shanti 的。

營救烏龜大作戰

「你為什麼要坐在烏龜身上？」Ben 是熱愛動物的標準嬉皮，口氣中難掩不滿的情緒。

這位花襯衫的小哥面對 Ben 的來勢洶洶，支支吾吾地說：「前幾天有人拿來這裡賣的！我也沒辦法啊！我不坐牠身上牠會跑走，所以我一站起來才要把它翻面。」花襯衫的男子臉上漲紅，我想他大概也心有歉意吧。

Shanti 是隻陸龜，是我這輩子看過最大的烏龜，身高不高（廢話），但是體長卻有近一公尺，據說已經五十幾歲了，體重二十幾公斤，成人抱起來都稍嫌吃力，「牠比我還要年長啊！」想著這個生物可能經歷過的比我還多、見識比我還廣，卻被如此糟蹋，人類到底多麼自以為是？

我們五個人沮喪了離開烏龜被虐現場，到一旁的茶店喝了杯蘇丹咖啡，調劑受創的心靈。

這時 Peter 打電話給了他的蘇丹朋友，朋友說牠們活在沙漠。Peter 喝完咖啡，便意氣風發地大力站了起來：「不管接下來要帶牠去哪裡，都比在那傢伙的屁股下面好！」說完便走回那花襯衫小哥的店裡，他一開始說烏龜要賣五十美金，聽到價錢後我們在一旁討論了一會兒，這小哥似乎也自知理虧，自己跑過來說降價了，四十美金就好，Peter 一聽立刻掏出了錢包裡的四十美金交給花襯衫小哥，營救烏龜的計劃就此成功！

為了撫慰這隻新成員受傷的心，我們決定幫牠取名為 Shanti，那是印度語「平靜祥和」的意思，替他取名的德國女生說：「我想 Shanti 現在最需要的就是 Shanti 了！」

動物園成了娛樂設備

不過，後續才是該煩惱的，到底要把牠帶去哪呢？我們不可能扛著這隻如此醒目的烏龜搭公車去沙漠啊！他實在太大了，而且就像花襯衫說的，他會一直亂爬，於是我們又展開了另一項解放烏龜的大計劃。

在找到牠的新居所前，我們先把他偷偷養在自己的小旅館裡。一天一百元台幣的旅館，其實真的好不到哪裡去，洗澡沒熱水、床鋪有黃色污漬、地板磁磚上有許多黑塊……但正因如此，這隻大烏龜才得以悠然自得地在地板爬行，不至於弄髒房間（弄髒也看不出來），我們也方便直接在地板上撒下蔬菜餵牠三餐。

解放烏龜大作戰的第一站到了蘇丹動物園。我們進到了蘇丹首都最大的動物園，有很多爸媽帶著小孩來看動物，我們也跟著興奮，想著如果 Shanti 能在這裡生活，有其他烏龜作伴便不至於

太孤單，而且還有人定時餵養，雖然會因此失去自由，但我們暫時想不到更適合的地方了。

動物園很大，一進去之後看到一片草地，很多人在上面野餐，這裡似乎不只是動物園那麼簡單，往前走一點還有簡易的遊樂設施，海盜船和旋轉咖啡杯等等，這讓我們有些不安，感覺不是太專業的動物園，彷彿動物只是供娛樂的另一個「設備」。

果不其然，看到了動物的籠子後，我們徹底死心了！一個占地才十平方米的左右的鐵籠子，關著四隻和 Shanti 差不多大的烏龜，比我們的房間還小，他們幾乎沒有什麼地方可以爬行；再往前走一些，大約十五平方米左右的大小，關著兩隻獅子，只見他們躺在地上，失去獅子的威武，取而代之的是病懨懨的瘦弱身軀，在離開動物園時，我們難過得連獅子都想買下來了……。

笑容很甜的巴西男生說：「要了解一個國

家不難，從這種地方就看得出來，如果人民沒有過得太舒適，那動物更別想了！」這段話意義深遠，我感到有些悲傷。

苦尋幫助結果不樂觀

我想起了在吳明益的小說《複眼人》裡提到：「人類通常也全然不在意其他生物的記憶，你們的存在任意毀壞了別種生命存在的記憶，也毀壞了自己的記憶。沒有生命，能在缺乏其他生命或者生存環境的記憶而活下去的。人以為自己不用倚靠別種生命的記憶也能活下來，以為花朵是為了你們的眼睛而繽紛多彩，以為山豬是為了提供肉而存在，以為魚兒為了人而上鉤，以為只有自己能夠哀傷，以為一枚石頭墜落山谷不帶任何意義，以為一頭水鹿低頭喝水沒有啟示……事實上，任何生物的任何微細動作，都是一個生態圈的變動。」

人類的自私很可怕，Shanti 原本好端端的在沙漠活著，人類為了一己私利把他抓去賣掉，被當成椅子坐；而動物園裡這些原本在草原上自由跑跳的動物，卻無端地捲入人們的金錢交易中，被一輩子關在這髒亂狹小的空間直到死去，我們到底憑什麼？

一陣哀戚之後，還是得為了解救烏龜計劃而努力，我們問遍了身邊的蘇丹朋友，有沒有私家車能夠來載 Shanti 去沙漠，但都沒有樂觀的答案，也許對蘇丹人而言，那不過就只是隻烏龜吧！隨著我們離開蘇丹的日子一天天的近了，看著 Shanti 在我們房間裡似乎也不太有精神，我們也愈來愈慌張了。

發現飼養烏龜的好對象

那天一早，我們到了「Ozone」，它是在首都喀土木裡我們最喜歡的餐廳，戶外空間很大，食物符合西方人胃口（別忘了阿拉伯人的食物真的很難適應），所以聚集在此的大多都是外國人，我們決定問問這裡的老闆是否可能收留 Shanti，還替他規劃好了某一個戶外空間能讓 Shanti 自由活動，經理聽了這個想法之後也很興奮，說著也許能吸引更多人來此用餐，他回頭打電話給老闆，我們興奮了半個小時，不過他再出現時，卻告訴我們老闆還是想要保持原樣，解放烏龜計劃在此時此刻停擺，我們都喪失了信心。

Peter 吃完它的土司三明治之後隨口提議：「在這裡用餐的人都是蘇丹的高階份子，不如我們來一桌一桌問問他們？」我們笑而不答，是不是太過樂觀了呢？我們一直費心地找方法，但真的有可能隨便在這兒遇到欣賞 Shanti 的伯樂嗎？

隔壁桌的兩個西方的中年男人剛好要離開了，Peter 趕緊抓住機會問：「嘿！這麼說來也許很奇怪，但是不知道你們會不會對烏龜感興趣呢？」兩個男人笑著說：「說來聽聽。」我們眼神瞬間充滿了光，將整個故事娓娓道來，沒想到他們竟然一口答應：「OK！那你是要賣我們嗎？」聽到他如此輕易說好，我們都嚇了一跳。「沒有！我們只想幫 Shanti 找到一個適合的家。」男人開心地和我擁抱，並興奮地開車戴我們到旅館，載 Shanti 回新家。

在車上時，我們才知道原來這個男人是某西方國家的駐蘇丹大使，聽到之後很驚訝但也放心多了，因為他有足夠的財力能讓 Shanti 過上好日子。

終於放下心裡的石頭

幾分鐘後就到大使的家了，看見他繁華的屋子和外邊偌大的草皮，心裡的石頭終於放下了，大使抱起 Shanti 往屋內大聲一喊：「Hey!Baby! Surprise!」門內走來一個美麗的女子，是大使夫人，她一看見 Shanti 尖叫了起來，大使說老婆一直嫌在蘇丹的日子太單調，他也一直在尋找適合的寵物陪伴老婆，而 Shanti 正是天上掉下來的禮物！

Shanti 在庭園裡不停亂竄，看起來精神好多了！大使夫人馬上從冰箱裡拿出一堆蔬菜水果餵食，這一幕非常欣慰，看來夫人是真的很喜歡動物！Shanti 在這一刻從麻雀變成鳳凰，從街頭的座椅成了大使夫人的愛，真是有福氣！大使甚至請我們喝酒，雖然蘇丹飲酒犯法，但是大使的家並不屬於管轄範圍，在這一片和樂融融之下，我們離開大使的家，回到少了大烏龜橫衝直撞的空房間裡，地上還留有幾片 Shanti 吃剩的菜葉，空氣裡有些沉悶，不過我們都是笑著的。

就在剛剛，和大使夫人又聯繫上了，她說 Shanti 現在一切都很好，除了常常偷吃庭園裡的盆栽之外。

直到現在，只要看見烏龜還是會常想起 Shanti，謝謝牠讓我有機會能夠深深思考動物與人的關係。只願人類能夠收起貪婪和自私，就像《複眼人》一書寫的，沒有人類能夠活在不完整的生態圈底下，一切都有大自然該有的秩序。唯有萬物必須和諧共處，才是人類能活得幸福快樂的長久之計。

◇最後想說

談到了人類和動物的相處之道，我想到了幾個例子。

在衣索比亞東邊，有一個美麗的穆斯林城市哈勒爾，這裡有個很特別的傳統——餵食狼群。其中有一個家族，世世代代被賦予餵食野狼的工作，而這個工作的由來很可愛。

哈勒爾是一個山中的小鎮，在很久以前，躲在山上的狼群常常趁著晚上到村子裡偷吃人們的牲畜，居民不堪其擾，於是久而久之，他們找到了和狼群和諧共處的方法：在每天的太陽下山之後，負責餵食的人會帶著市場買的肉到郊外餵食狼群，在一片漆黑中，狼群會一隻隻慢慢出現，將丟向他們的生肉叼走。他們並不怕人，人也不怕他們。

據說在哈勒爾，有時就算白天走在街上看到野狼，也沒有人會驚慌，因為他們根本不傷害人。在哈勒爾的人和動物會相互尊重、相互體諒，是我見過很美好的例子。

為了賺錢不斷破壞生態

另外也有一些值得思考的例子。

兩年前我為了想要了解台灣的原住民，上山到部落田野調查（其實就是找原住民聊天），當時遇上一個獵人，他的家門口擺上好多山羊和山豬的頭骨，獵人說：「你知道為什麼我們要把頭骨留下來嗎？」我問：「是為了彰顯戰績嗎？」獵人說：「不全然是，更多是因為要感謝他們，他們的死亡讓我們得以延續生命，所以不能只是把他們吃掉就丟掉了，這是不尊敬的，我們把它掛起來，表示感謝。」我這才恍然大悟，內心有一股暖流升起。

獵人繼續說：「我們獵人世世代代都在森林打獵！我們不貪心，需要多少才獵多少，現在政府要我們不准

擅自打獵，因為會破壞生態，但是以前我們世世代代打獵時就沒見生態被破壞，現在工廠、高爾夫球場林立，生態反而被破壞了，那是誰的錯？是獵人嗎？」我看見了獵人的不滿和心酸，現代人在環境真正破壞之後，反而開始責怪起一些毫無干係的傳統，想來有些本末倒置。

前幾天去了某生態餐廳走走，在公路旁的園區裡，有一大片松林和幾方池塘，池塘上有很多隻鴨子和天鵝，風景漂亮宜人，如果不轉頭看一旁大小車輛呼嘯而過的公路的話……會更好。

朋友說這是人造園區，池塘是挖的、樹是種的，而鴨子、天鵝是買來的。這時候，我突然不能再以同樣的角度欣賞這片美景了，我心想人類為了賺錢，連整片大自然都可以複製，這群被連累的鴨子、天鵝，他們在呼嘯的車聲環境裡生活會快樂嗎？

會不會有一天，自然生態完全被人類破壞殆盡後，最終只能活在自己的「人造生態」裡？

自由從來不是理所當然

曾以為自由無所不在，直到那次到北韓，一路上所見所聞與感受到的壓抑感，都讓人覺得，我們離自由愈來愈遠……

自由是空氣，無色無味，摸不到、碰不著，對我而言，它曾是理所當然的存在。

二〇一八年的一月，我去了趟北韓，才知道自己原先的想法是多麼狂妄、天真，原來自由是比較出來的，唯有深刻的感受過不自由，才能知道自由的可貴。

北韓，亦稱朝鮮，我在那兒待上了六天，你可能問，怎麼能去北韓旅行？其實也不難，只要花錢就行了，北韓不能自由行，唯有花大錢跟團，才能一窺它的神祕，六天花了我三萬元，還不包含來回機票，實在貴得驚人，不過我就為了「一輩子就去一次」的理由，忍痛砸了大錢。

關於北韓的傳言很多，而旅行是親身驗證那些傳言的最好方式。

偷拍軍人立即被沒收手機

我們從中國東北的丹東搭火車到北韓首都平壤，那是一段長達數小時的車程，我們在車內擁有自己的臥鋪，朝鮮的列車長會來回巡視，偶爾會檢查乘客的行李。我們的嚮導——居總，他說之前有遊客帶了A片上車，後來被沒收了；還有另一個遊客拿著有金正恩圖片的文宣，墊在屁股下，結果馬上被抓走了，居總還特別叮嚀我們不能朝軍人拍照，會惹禍上身。

攝影｜趙方舟

居總是我們的嚮導，中國人，他是在北韓留學三年的博士生，是個不折不扣的北韓通！他後來偷偷向我們透露，他交了一個北韓的女朋友，不過因為他在北韓隨時都被監視，所以他們的會面是難上加難，常常要有其他朋友聚在一起才能見面，很難單獨約會，我真的很難想像，這樣該怎麼談戀愛呢？

居總才剛叮嚀完，團裡那位留學英國的男生Ｇ就偷偷拍了火車上的軍人，竟然就被發現了！他被軍人叫了出去，當場沒收了手機，Ｇ緊張得冒了手汗，我們也開始把皮繃得更緊了。不久後Ｇ被叫到車廂外，幾分鐘後Ｇ帶著他的手機回來了，他說他送了軍人一包菸，軍人咧嘴地笑著說：「算你懂事！」接著就把手機還給Ｇ了，Ｇ趕緊檢查裡面的檔案，他說照片還在，但是居總說：「有可能手機被植入竊聽的晶片了，要注意！」不過是一張照片，有必要這樣搞嗎？此刻我也這才真正意識到，自己正

攝影｜王鵬

前往一個凡事都在意料之外的國度，我們正離自由愈來愈遠。

特地提醒晚上不要出門

好不容易到了平壤，天已經黑了，兩位北韓人向我們走來，他們是傳說中步步不離身的導遊，一男一女，真不愧是北韓接待外賓的門面，長得都很標緻。上了遊覽巴士，首次見到北韓的街景，只有很少的路燈亮著，四周都黑濛濛的，據說是北韓電力不足，晚上會節電，又更增加了它詭譎的氣氛。

我們住的是高麗酒店，北韓最高級的酒店，不過裡頭的裝潢卻像是二十年前的樣子。印象最深的是電燈開關是拉線式的，那是我外婆家才有的東西。床頭有個收音機，收音機打開聽到的像是北朝新聞主播那樣鏗鏘有力的播報語調，偶爾穿插幾首威武的愛國歌曲；電視打開來也是如此，這時我才了解到北韓人民的思想時時刻刻被嚴密地控管著。

進房間之前，導遊們特地把大家聚集起來提醒：「你們如果晚上想去哪，要和我們說，不要自己到處亂跑喔！」我沒有太訝異，真正訝異的是後來居總私下和我說的。

居總說：「其實北韓官方是沒有禁止遊客外出的，是旅行社單方面不希望，為了方便管理，也怕旅客誤闖軍事重地而被誤會。」他說完之後我鬆了一口氣了，似乎偷跑出去也不是什麼太嚴重的事，不過居總強調，要避開一些軍事區域，他告訴我們哪些地方不要經過，這樣就不會有太大的問題，於是我和另一個團員A有了要偷溜出去的想法。（這是我天生反抗體制的精神作祟，一般人可不要學我啊！）

房間可能裝了竊聽器

第二天晚上，我和A從房間走向大廳，卻看到導遊像兩尊門神一樣坐在大廳的沙發上（他們每一晚都在當門神），我們若無其事地從導遊面前走過，往門口走去，才剛出門口不到兩分鐘，導遊馬上跟了出來說：「沒事不要亂跑，趕快回來，等等十二點大門會鎖喔！」我們只好氣餒地走回旅館，後來證明了十二點根本沒有鎖門。

回到房間後，我和A開始大聊導遊的壞話，沒想到隔天一早，導遊一看見A，便笑咪咪地和他說：「感覺你對我有些不滿喔？」這時A的背脊一陣發涼，他怎麼知道的呢？難道房間裡有竊聽器？

我們和居總談起此事，居總說：「之前我帶團時，有團員在房間裡說好久沒吃肉了，好想吃肉，結果隔天餐廳就多了一大盤肉，我就開始懷疑房間裡有竊聽器了。」這時我們才恍然大悟，不過這一點也不奇怪，你知道嗎？北韓是發明監控系統的始祖！除了竊聽器是世界一流之外，身分證識別系統也是北韓發明的，中國後來還買了這個技術，就連偽鈔識別系統也是北韓發明的。發生這件事之後，搞得我和

攝影｜王鵬

室友後來在房間都只敢講台語。

第三天晚上，A和導遊說他想要去剪頭髮，導遊說飯店有理髮廳，不要擔心，我和導遊說我月經來，想要買衛生棉，導遊也告訴我飯店有超商可以買到。他所言不假，飯店裡真的應有盡有，民生用品、紀念品、撞球桌、KTV一應俱全，不過這些很明顯的，是為了杜絕遊客出飯店的最佳理由。

時時刻刻被監視著

我和A有天自顧自地在大廳亂逛，剛好看到有一群北韓人要出飯店，我們神不知鬼不覺得混在裡面，順利地偷溜了出去，一出大門之後趕快小跑步遠離案發現場。我和A在外面的兩個小時都非常緊張、非常壓抑，說話小小聲地盡量低調，怕被北韓人聽出我們是外國人，沒想到我竟然還被朝鮮人問路！一個婦人走向我，說了我聽不懂的韓文，貌似緊張地比了兩個方向，但我比他更緊張，所以就隨便指了一個方向趕快走了，只希望她沒有被我害得迷路⋯⋯。

不過老實說，出去到處走動時，並沒有感覺到什麼特別不一樣的地方，北韓人和我們一樣走在路上聊天、講電話、等公車，我自己認為，北韓之所以神祕地禁止我們和在地人交談，只是怕朝鮮人知道「外面的世界」是什麼樣子，也許不是真的有什麼不可告人的祕密。

我一回到房間，室友說在我出去的期間，導遊來猛敲房門，室友一開門就看到導遊很不爽地問：「你室友人呢？」她被導遊的臉色嚇到，顫抖地說：「我不知道。」導遊直接走進房裡看了一圈又怒氣沖沖地走了出去，那晚室友還接了三次導遊的電話，只不過奇怪的是，當我們一回到飯店後，電話就一通也沒響過了。

位置都在國家的掌控中

我們出去導遊會不知道嗎？居總說：「不可能！導遊發現你們不見後就開始緊張兮兮地在『飯店裡』到處亂找，為什麼不出去找？因為只是想讓大家感覺事態嚴重，殺雞儆猴，其實你們的位置早就都在國家的掌握之中了。」

位置都在國家的掌握之中？怎麼辦到的？在北韓生活三年的居總，住處都是被分配好的，也一定會有一名北韓室友。居總說，每次他出門，不管他轉了幾次車、見了什麼人，他的室友都知道，即使他在室友睡覺時去雜貨店買個東西，他的室友也說得出他去了哪、什麼時候去的。我問：「是誰在監控？」居總說：「不知道，但就是有人在看著我。」除了居總之外，在朝鮮做生意的另一個嚮導T也這麼說。

我又繼續發問：「我們出飯店後去了哪裡朝鮮官方其實都知道？」居總說：「絕對知道，不用懷疑！因為在北韓，每五十個人裡就有一個是線民，是難以逃過肉搜包圍網的。」我聽到這裡開始頭皮發麻，在黑暗中有一雙雙眼睛看著我，一舉一動都被監視，這是何等的壓抑呢？

隔天我們以為導遊會罵我們，但是沒有，

他對我們一如往常的好，甚至更好，居總說：「那是因為導遊想知道我們來北韓真正的目的。」雖然不知道是否真像居總說得那麼心機，不過從此之後，導遊的確更加「緊貼」地在我和A的周圍了。

與旅客交談的都是演員

有人說在北韓你接觸到的所有人都是演員。那麼我們看到的畫面、遇到的人，都是事先安排好的嗎？我認為並不盡然。但是我敢肯定的是，能和你交談的那些人，都是「被認證」的北韓人，舉凡導遊、飯店接待人員、餐廳服務生等等，這些人才能真的和你說上幾句話，而他們就是所謂的演員。

在旅途中我也試著和當地人說話，但他們總是笑而不答，難道是聽不懂嗎？但導遊說他們國小就開始有英文課，他們只是不能回答，據說若是和當地人講太多話，旁邊會有祕密警

察出現制止你，也會害這個北韓人惹上麻煩。

那天到了科學博物館，我們在某個展廳和幾個小朋友玩得很開心，我問了小朋友的名字，他回答了，接著他用很流利的英文說：「How long will you stay in here?（你們要來北韓多久？）」，這個完整句子對一般十歲的小孩來說是很難的，我有點訝異，覺得他英文真好，想要和他聊更多時，他卻只是愣愣看著我，似乎不知道怎麼回應，我後來才想到也許他就是所謂的演員。

我活在楚門的世界裡

在北韓的六天裡，我們常常會去看一些「偉大的領袖」紀念館或是雕像，那天我們在廣場上和金日成、金正日兩位已逝的領袖雕像拍照時，我俏皮地跳起來比了個「YA」，結果導遊馬上手刀衝過來制止我，他說這是不敬的，還要我把照片刪掉。

放置金日成、金正日兩位已逝領袖遺體的紀念館「太陽宮」，是一個莊嚴的地方，不准談笑、不能拍照。好不容易出了紀念館，在陽光明媚的廣場上讓人放鬆了不少，大夥在那兒拍照，過了一會兒導遊催促我們上車，但我突然看見一個很想拍的風景，因為時間著急便跑過去拍，沒想到有一個警察馬上指著我並朝我吹哨制止，我嚇了一跳，大夥也都看著我，導遊趕緊過來，罵了我一頓。我當時覺得好難堪，心裡好委屈，我只不過是跑了步而已啊……在這個國家裡，隨時有人監視我、管束我，那股壓抑流露在空氣中、串流在血液裡，在這股高氣壓下連呼吸都得小心翼翼，想著想著我便哭了起來。

看過《楚門的世界》這部電影嗎？它在講述一個人造世界的故事，而主角楚門就活在這世界中，他身邊的朋友、親人全部都是演員，就連建築、海邊、甚至天氣和太陽月亮都是人造的，楚門在生活中的一舉一動都在「真實世界」的電視機裡被播放著，就像是實境秀，但楚門卻是唯一一個不知道自己活在人造虛擬世界的人。當初我對這部電影震撼無比，沒想到此時此刻的自己，竟然成為了監獄裡的楚門。

在那之後，我忍不住生氣地和居總說：「真的太壓抑了！好痛苦！」沒想到居總只是笑笑地說：「沒錯！在北韓就是要有這種感覺！不然你就白來了！哈哈哈哈！」看他笑得那麼爽朗，一切似乎有點道理，我只能把它當成一種另類的體驗來享受了，這是「花錢買到的不自由」，要珍惜！

為了生存的脫北者們

最後一天，我們一樣坐火車從平壤回到中國丹東，一下火車，我便鬆了一口氣：「啊！終於回到自由的國度了！」身邊的團員說：「第一次聽到有臺灣人說中國是自由的國度！」這才意識到在北韓的自己到底多麼壓抑，自由的確是比較出來的啊！

出了北韓之後，我開始找了些脫北者的書來看。脫北者是誰？在一九九〇年到二〇〇〇年這十年間，因為蘇聯解體，朝鮮在此刻也剛好農作物欠收，面臨了大規模饑荒，這期間有不少人冒死逃到了中國尋求一線生機，他們就是「脫北者」。據說這十年來一共有十分之一的北韓人被活活餓死，你可以想像嗎？若是你們公司有十個人，就有一個人被活活餓死了，他可能是你最好的朋友。

《為了活下去》這本書的作者朴研美，她也是差點被活活被餓死的脫北者，「反正橫豎都是死，不如闖一次」，於是她透過結冰的鴨

攝影｜趙方舟

綠江，偷渡來到中國，沒想到落入人口販子的手中，成為了人口販子的情婦，接下來展開一連串讓人心痛的故事。

我上網查到另一個脫北者，她當時好不容易逃到了中國，被一位好心的農婦收留，她一進到農婦家裡看到鍋裡有一層厚厚的鍋巴，她問農婦：「我可以吃這個嗎？」農婦答應了，她一口氣吃完這些鍋巴，她說那是她那陣子吃得最好的一餐。

隔天脫北者起床後看向窗外，農婦正背著一袋賣像不好的地瓜走到豬圈裡，一把一把地將地瓜撒給這群豬吃，脫北者一看到之後馬上大哭了起來，原來是脫北者的奶奶在幾個月被餓死了，而她生前最大的心願就是能吃到她最愛的地瓜。最後奶奶被餓死了，而這群豬卻在吃奶奶最喜歡的地瓜。

悲劇一點也不遠

你可能會覺這些故事離你很遙遠，但我想告訴你一個事實，《為了活下去》的作者朴研美，她在一九九三年四月出生，而我在一九九三年二月出生，她比我小兩個月，那天晚上當我看完這本書，躺在床上怎麼也睡不著，我在想，要是我的靈魂不是投胎到台灣，而是北韓，那現在我可能已經不在這世界上了，我可能已經被活活餓死了，我沒辦法還在電腦前打這些字，出版這本書。

我想現在在看這本書的你，是不是在一九九〇年到二〇〇〇年之間出生在這世界上的呢？如果是，那麼請你想像一下，要是你出生在北韓，你也很有可能不在這世界上了。

我才突然發現，這場悲劇離我這麼近。

然而這場悲劇，正是發生在這個人民不允許逃跑的國家，連為自己努力活下去都需要冒著這麼大風險的世界裡。

「自由從來不是理所當然的。」

莊子言：「澤雉十步一啄，百步一飲，不蘄畜乎樊中。神雖王，不善也。」

（莊子說：「草澤裡的野雞，走十步才能吃到一口食物，走百步才能找到一口水喝，卻不希望被養在籠子裡。被關在籠子裡，雖然不用再辛苦覓食，看起來精神旺盛的樣子，其實卻一點也不自在快樂。」）

如果今天讓你選擇，你想當衣食無虞卻失去自由的雞？還是隻為生活奮鬥卻自由自在的野雞呢？

珍惜自由的空氣

在我們的世界裡，畢業即失業，但你知道

嗎？在北韓卻是畢業即就業，政府會根據他的成績和科系來分配工作，聽起很好吧？不過，在極權國家裡，人民只是一顆顆螺絲釘，被安置在妥當的地方，一切皆以國家為重，政府忽略了他們的「自由意識」，他們沒辦法喜歡什麼工作就選擇做什麼，若是他們想要換工作，那背後需要強大的政治關係才得以實現，因為在資本國家有錢就是老大，而在共產國家有權才是老大。

在北韓時，導遊坐在我身旁的位置，他問我：「你喜歡台灣還是喜歡中國？」，我回答：「當然台灣啊！那是我的國家呢！」後來他又問：「那你喜歡台灣還是北韓呢？」我想也沒多想地說：「當然是台灣啊！台灣那麼自由！」導遊看著我的眼睛問：「你覺得自由是什麼？」我說：「自由就是可以選擇自己真正想要的。」導遊愣了很久都沒再出聲，是不是我說了一個他無法真正感同身受的名詞呢？

若是你問我花了那麼多錢去趟北韓值不值得？我會告訴你，絕對值得！「失去之後才懂得珍惜」，這句話真實反映人性，離開北韓後，我才發現原來我多麼渴望、多麼熱愛自由。

自由是可貴的，它顯然不是空氣，不是那樣理所當然的存在，它更像是雨，是上天賞賜的天降甘霖，它是我們最大的幸運。

「自由就是可以選擇自己真正想要的。」

身為台灣人的我們，如果你對於現狀感到不滿，那就別花時間哀悼了，動起來改變吧！因為最起碼，我們最大的優勢是——我們都還擁有選擇的權利，那是我們擁有最珍貴的自由。若是你持續花時間哀悼而不願做出任何改變，那就某種層面而言，你是不是活得比北韓人還更不自由呢？

當我在替這些人物加上眼前的黑布時，
我感到一種十分沉重的罪惡感，就像我殺了這些人一樣……。

第三章

關於收穫，找到最舒服的Life Style

曾在內蒙古大草原上當一回牧羊人，
與遊牧民族查坦部落一同嘗麋鹿肉，
旅行的樂趣就在於能體驗不同的生活方式，
但也時常會在長途旅程中感到孤單，
如何與自己相處、何時該停下腳步，
都是一道道上天給予我的人生課題。

孤單雜記

三年前在東南亞旅行時，是我人生中最孤獨的時刻，而旅行時的孤獨無法逃避，於是我開始閱讀、學著思考，練習活得更自若。

人們常常問起：「一個人旅行，你孤單嗎？」而我也在旅途中不斷問我自己。「若你能夠享受孤單，那你會活得更自若。」三年前我在東南亞旅行時，在日記上寫下這句話，當時是我活到二十幾歲以來，人生中最孤單的時刻。

三年前，二〇一六年，那年我大學剛畢業，一個人到東南亞旅行，在從柬埔寨坐過境巴士到泰國的途中，我發高燒了，全身痠痛不已，頭痛欲裂，看著窗外荒蕪的沙地，我覺得自己和它一樣，了無生機。我一個人，沒有家人的呵護、沒有朋友的幫忙，我知道現在全世界我能夠依靠的，就只剩自己了。那是生命中的第一次，我覺得好孤單，好孤單。

在泰國清邁的青年旅社裡，大夥都一圈一圈地大聲談笑，只剩我一個人窩在床上，我藉著微弱的黃色床頭燈，自顧自地「裝忙」，當時我的英語太差了，總是不敢和人交談，更害怕的是，當我聽不懂他們說話時，只能尷尬地笑，我討厭這樣的自己，那是我第一次好想直接訂機票回家。

以書相伴的日子

在清邁的每一天，當我每天早上睜眼後，總會逼自己再睡去一次，因為不想太早面對這孤單的一天，起床了，又是我自己一個人，我只想逃避孤單。當時實在太窮了，我哪裡都不敢去，一心只期待著傍晚到清邁東門的夜市擺攤賺錢，於是在白天時我總會讀那本我唯一帶上的書——《不去會死》，是一個日本旅人寫的。一本薄薄的書，成了我唯一的「旅伴」，只有它能陪我說話。接下來的每一天，我會規定自己不能看太多頁，甚至在閱讀過程中遇到再多不重要的人名，我都會往前翻，想找出他是誰，不斷地拖延看書的速度，深怕看完後就沒有「人」可以陪我了。

那天午後，我面對著旅館的大型落地窗讀著《不去會死》，突然間原先的陽光普照轉為豪雨，我放下書，看著窗外，心底竟然湧起一股喜悅，「下雨了，你們這些在外玩樂的人們掃興了吧？和我一起孤單吧！」內心湧起這種病態的想法，是憤世嫉俗的、歇斯底里的。

過了三年，我又一個人走了好多地方，關

於孤單這件事，我也已經是老手了，這東西不是鬧著玩的，和以前在台灣的孤單更是兩碼子事，差別在於能否輕易「逃避孤單」。

在台灣的孤單是容易逃避的，在熟悉的生活圈中，打個電話找朋友是輕而易舉的事；而在旅途中（尤其在非洲這個旅人不多的地方），孤單會一直跟著你，就像甩也甩不開的背後靈，直到你習慣它為止，或是直到上天安排你遇見下一個「能說英文的人」，逃避或不逃避根本不是操之在己，你能做的只有接受一切際遇的安排。

練習拋出問題思考

關於孤單，這三年多來的旅行我也體會得夠多了，某天才意外發現自己也能將之系統化了，果然是久病成良醫。

一個人是否孤單，取之很多面向。

其一在於你的心夠不夠滿，若是心靈飽滿

歡愉，內心如湧泉，隨時湧出能量，那自己一個人哼哼歌、看看書、拖拖地，也不至於孤單，這時的你像是一顆小太陽，而潮濕黏膩的孤單被陽光蒸發殆盡。

其二在於你是否正專心做一件事，若你全神貫注在一件事上，也不會覺得孤單。當你一個人好好畫一張畫、用心聽一整張專輯時，你是孤單絕緣體，因為你活在當下，你著墨的點便是你的全世界，專心畫好每一筆畫、聽每一個音符，孤單也只能被晾在一旁。

以上兩種方式在我看來只是暫時性的，畢竟人是很難無時無刻保持心靈飽滿歡愉，更不可能一直全神灌注一件事，若是一直持續一個人下去，三天、五天，難免孤單。

第三種方法比較操之在己，但也絕非易事的就是──「思考」。我指的思考不只是「想」、也不是「回憶一件事」，很多人喜歡把自己的大好光陰年華都拿去回憶過去，這樣反而在今

昔對比下讓內心更顯空虛，所謂思考在於拋出問題或議題，針對它去找解答，在這過程中你會開始思辨，自己和自己對話、辯駁，此時此刻你是自己的夥伴，有對話就不再孤單。

但思考是需要練習的，拋出問題更難，不常思考的人可能拋出的問題是：「今天要吃什麼？」這就是一個思考性很低的問題，沒有議題性；而常思考的人很容易能拋出一些能深入討論的問題，例如：「活著的意義是什麼？」、「成功的定義是什麼？」思考這些問題常常讓我興奮一整天，腦袋裡就像在舉行嘉年華，各式希奇古怪的想法都突擊而來，每個想法都值得好好審視。

我想這也是為什麼愈不擅長思考的人愈容易感到孤單了，因為他們的頭腦會需要另一顆頭腦的陪伴，比較難以自行思辨。

學著感受當下

心境也是很重要的，當你覺得祥和平靜時，孤單便與你沾不上邊。以前尚未學習冥想靜心時，空閒時間就只能閒著發慌或不耐煩，而躁動的心完全是孤獨的種子，種下後孤單便從此發芽；學了冥想內觀之後，恰好完全相反，多餘的時間可以冥想靜心，試著與自己相處、活在當下後，反而成了內心的鎮定劑，孤單也隨之煙消雲散。

在坦尚尼亞旅行時，在緊鄰吉力馬札羅山的小鎮莫西（Moshi）裡，認識很多朋友，隨時都找得到人說話，後來還去馬賽部落住了幾天，被馬賽人照顧得無微不至。離開莫西之後，對於每天社交而覺得疲憊的我，故意讓自己一個人。我在維多利亞湖邊住帳篷，接下來的一個禮拜，我十分享受和自己相處，好好觀察自己內心的變化、好好聽它的聲音，了解到自己就是自己的良伴後，

便完全不覺得孤單。

回到最初的模樣

黃俊郎的《這本書》有一段話是這樣：

突然　住的地方湧進了一大堆人
熱鬧了起來
突然　一個人有事離開
其他人也轟的一聲道別
然後　房子又空了　這不叫寂寞
也不叫孤單
這叫落差

一開始讀這段話時，想著：「啊！原來孤單是落差造成的！」換句話說，如果落差久了，那就不會是落差，也不再孤單，在很久之後的某一天再重讀這段話，我發現，也許它想說的是人的一生。

當我們呱呱墜地時，都是一間空房子，這是我們最初的模樣。但我們從出生的那刻起加入家庭、學校，生命中開始圍繞著很多人，空房子從此擠滿了人。後來長大出社會了、或是去旅行了，身邊圍繞的人少了，才又開始學習本質裡就該了解的事。因為我們本來就是一個人來，怎麼不知道如何一個人生活呢？空房子就是一間空房子，最後還是得一個人走的啊！

想來有些害怕，不過就算空房子最終還是空房子，但那些曾經住過房子的人們，都已經在房子牆上貼滿回憶的照片了。這間空房子將因為每個人獨特的經歷而有所不同，它們也將讓你成為一間強壯而不容易崩壞的空房子，最終你會自豪於自己的空房子，再也不害怕。

「若你能夠享受孤單，那你會活得更自若。」我想我已經成為一間值得自豪的空房子了，謝謝這三年多來不斷練習孤單的自己。

Life is so easy

曾是食物銀行客戶的衣索比亞少年，年紀輕輕就能獨當一面。他一派輕鬆地說生活很容易，但我知道，真的一點也不容易。

在泛著幽暗黃光的小酒館裡，Bewket 正要服務生再多添兩杯威士忌，威士忌在玻璃杯裡閃著金黃色的光暈，正如他的人生一般閃亮。

Bewket，衣索比亞人，他在北邊的城市貢德爾開了一間旅行社 Simien Image，年紀輕輕的，才二十六歲，和朋友 Peter 合夥這間旅行社已經兩年多。

除了威士忌，桌上還擺著一塊 Pizza，他一口咬著 Pizza，一口灌下威士忌，我看著他滿頭捲曲的頭髮，咖啡色的肌膚，看起來和一般衣索比亞人沒什麼兩樣，卻總是能在他的舉止和言談間感受到極大的魅力。

曾是食物銀行的客戶

他將 Pizza 放下，桌上還擱著剩下的最後一片，Pizza 因為是外來食物，所以在衣索比亞總是貴得驚人，我讓他吃完。

「有多少人在外面沒東西吃？別浪費！不然也該打包給需要的孩子們。」在我的旅行中是沒有食物被浪費的，即使一口都該珍惜。

You said "life is so
easy", but you really
deserve it.
You keep you goal
and nerer give up.
2018
11.18

「你是說食物銀行？我們稱它為食物銀行（Food Bank）。」Bewket 笑了兩聲：「我小時候都吃別人剩的食物長大的。」這個在我面前拿出一疊鈔票，一張一張數著準備結帳的傢伙，真難想像竟然有這樣的過去。

手上拿著外帶 Pizza 的黑色塑膠袋，規律地晃啊晃的走在已經天黑的貢德爾街頭，朝著角落那家不起眼的水煙商店走去，敲了敲那片被鐵鏽鑄滿的銀色大門，有個胖胖的女子來應門，Bewket 說那是他從小到大的好朋友，順便說了：「她是從小和我一起吃食物銀行長大的夥伴。」

走進水煙商店，我們抽起蘋果口味的水煙，他拾起長長的煙管，往煙嘴大大地吸了好幾口，就像在嬰兒在吸奶嘴那般貪心，一放下煙嘴，萬馬奔騰般的白煙從他嘴裡和鼻孔裡竄出。

搭配著這片濃霧，他一邊告訴我他的故事，前言是：「其實也沒什麼，兩、三句就講完了。」沒想到這兩、三句話一點也不簡單。

旅館工作賺取開店資金

「我從小家裡很窮，住在城市邊緣，我的家是土房子。（衣索比亞窮人通常都用木頭建成基柱，再用泥土攪和著牛糞充當成水泥塗抹之上）」說完一手指向窗外那棟黑暗的土房子，「以前我家附近有幾個旅館，常有外國遊客出入，從小我就和他們打交道，英文愈說愈溜，當時我在心裡默默許下一個願望，我要開間自己的旅行社，我知道這是脫離土房子、脫離食物銀行最有效的方法。」他用袖子把煙口擦了擦，遞給我，我接下它。

「十四歲時，我到城裡玩，認識了 Peter，我們成為很好的朋友。」他笑著說，眼睛瞇了起來。

「我們從來都沒有吵過架，我們一起和外國人聊天、一起在街上打打鬧鬧、一起捉弄農舍裡的雞，我們喜歡對方。」看著他笑得很得意，我突然心生羨慕，人生何德何能找到一個知己而且成為工作夥伴，即使整天膩在一起還是好喜歡對方。

換我吸了一口水煙，濃濃的蘋果香氣竄入口中，再從鼻孔釋出，Bewket看著我滑稽的模樣笑了笑問：「喜歡嗎？」「還不賴。」我說。

Bewket接過我手中的煙管繼續說：「上大學時，我開始半工半讀，我就在這間旅館工作。」他手指著我住的旅店的方向。「我在那替他們開車，負責接送外國客人，就這樣過了四年，我在這之中學會了怎麼應對外國人，也學會做生意的原理，還賺到了第一筆資金。」水煙玻璃罐裡因為吹氣產生的泡泡聲此起彼落，像是給予熱烈掌聲。

努力踏實就能到達遠方

「後來，我就和 Peter 一起開了這間旅行社，已經兩年了，該有什麼都有了，有車子有房子，然後生活變得簡單。」他看著我的眼睛，又說了一次：「Life is so easy, Life is so easy.」

我的心被重重地打中了兩遍。

空氣中瀰漫著白色煙霧，卻也難掩他眼神中像金黃色的威士忌般閃閃的光。

「Life is so easy.」世界上有多少人可以如此篤定地說這句話？

生活真的簡單嗎？我想應該要回推 Bewket 從小就訂定目標，努力汲取所需技能，英文、和外國人的應對、資金、人脈，才有今天的成就。

若想喝水，有些人等待下雨，期盼上天；也有些人看著遠處目標，嘆口氣繼續滑手機，不想動起來；還有些不是那麼多的一群人，他們務實任命地挖水道，一點一點慢慢挖，不畏辛勞，最後將水引入家中，水到渠成，一勞永逸。

人生是不是就像在打遊戲機？Bewket 從小怪物開始，一點一滴累積，一步一步過關斬將，最後練就一身技能和一百分的經驗值，最後才能打倒大魔王，獲得應得的寶藏。他的「Life is easy」是當之無愧、穩紮穩打、不卑不亢的美麗成果。

人生到底容不容易？我想，若能看見真正渴望的遠方，並且願意一步一步腳踏實地地走，那麼 Life is so easy。

最後，食物銀行的客戶終於也能獨當一面；最後，咀嚼沙土的蛤蜊終於也吐出了珍珠。

耍廢也是一道課題

密密麻麻的待辦事項雖讓人忙碌，卻也能感到踏實，然而當我們有時間靜下來，反而開始發慌，不知該如何面對這樣的自己。

到坦尚尼亞的 Zanzibar 好些天了，Zanzibar 的大海是日出未破曉前乾淨的藍，沙灘是牛乳的白，在這裡的每一天都悠然自在，的確是個能好好養心的地方，說難聽一點就是耍廢。

耍廢，其實也是一道課題；而且耍廢，不見得比忙碌來得容易。

在這裡，你會面臨很多選擇，因為時間真的太多了，你會開始想：我要去游泳嗎？浮潛嗎？看書嗎？看電影嗎？打些文章？還是就攤在那邊當一具死屍？因為選擇太多，對於習慣忙碌的我，竟會有些心慌。

找到充實生活的目標

對我來說，忙碌是比較容易的。

當你忙碌時，要做的事情早已被安排好，你不需要操心，看著密密麻麻的代辦清單，一條條按部就班地做好就劃掉，一步步執行下去即可。我記起在印度達蘭薩拉時認識的西藏男孩，他說他從西藏到了印度之後，馬上去了一所中文學校當志工，我問他：「為什麼你會自願去當志工呢？」他說：「總要讓某件事填滿你的生活吧！因為人總是靜不下來的，不是嗎？」也許這句話直接反映了大部分人們的內心狀態吧！

某個夏天的晚上，我和一個朋友在民生社區的河邊聊天，一口一口喝著台啤。民權大橋的燈光閃爍著，有人在河邊散步、慢跑、遛狗、還有席地而坐的我們，臉龐上都反射著民權大橋的一點點光芒，世界一片和諧寧靜。朋友正在建築事務所上班，他說他常常加班，我問他：「工作真的這麼多到要一直加班嗎？」他重重地吸了一口菸，一團白色煙霧從他口中吐出，彷彿在為接下來的回答做伏筆，他說：「其實也不是真的那麼多，只是回家了也不知道要幹嘛，不如繼續加班還可以領錢。」我訝異於這樣的回答，我這才理解了他大口吸了那口菸的含義，看似一切和諧的世界，卻照不出很多人心底的無奈。

看著Zanzibar這片平靜的海，我想起了爸爸。爸爸的大半輩子都奉獻給了工作和家庭，直到五十五歲退休了，他在家裡直喊無聊，後來又去找了一份兼職的工作，我腦中又浮現那位西藏男孩和我說的話：「要讓某件事填滿你的生活，因為人總是靜不下來的。」

認真地感受自己的心

在Zanzibar的日子裡，我開始意識到平常的自己是如何草率地過日子，常常在面臨選擇時隨口說了句「隨便」。

「午餐吃什麼？」

「隨便。」

「你想去哪呢？」

「隨便。」

「隨便」時常是我們的回答，有時候是懶得想，有時你也根本沒有太多的感覺，或是那份感覺太細膩，你缺乏一顆夠靜、夠敏銳的心來察覺，於是「隨便」就成了現代人的口頭禪。

我開始意識到「隨便」這簡單的兩個字其實很危險，如果長期忽略你心中的想法，會漸漸無法察覺其中的細膩，最後就成了「什麼都可以」的人。

悠閒常常讓我誤以為是「無聊」，後來我才意識到，其實無聊並不無聊，你有件真正想做的事情，就算那件事只是發呆也好，但一定會有件想做的事，無聊是因為你太急躁，而忘了認真感受你的心，忘了問它真正想做的是什麼。

往後的每一天，我開始練習在說「隨便」和「無聊」之前，好好靜下來感覺我的心（不是大腦），什麼才是它最想要的呢？

和這片海共處的日子裡，我和它約定，不論是風平浪靜的閒暇時光，抑或是大風掀起波瀾的忙碌，我都得好好留意內心最細膩的感覺，好好吃

飯、好好睡覺、好好呼吸、好好聽自己的心，再好好做心底交代的事情，漸漸的，我感覺我和自己更加貼近了。

耍廢，其實一點也不容易；耍廢，其實也是一道課題。

天使在我身邊

在蘇丹旅行時，語言不通遊客也少，只能孤單地與自己對話。未料金字塔前竟遇見說中文的遊客，還與他們一起共享晚餐……

世界上有一種孤單，是你身邊來來往往好多人，但你似乎永遠自己一個人，就像在街頭不停流轉的流浪貓，棲息在城市各個角落，牠在你腳邊的經過和離去、牠的喜怒哀樂，沒有人介意，沒有人在乎。

在蘇丹的日子裡，有幾天特別難熬。蘇丹的遊客特別少，當地人也不太能說英語，在那一陣子裡，我只能不斷和自己說話，於是我體驗了這一種孤單，流浪貓似的孤單。

久未與人交談的寂寞

天空是淡淡的紫色，鳥群趕著歸巢，我在Karima這座純樸的小鎮裡，和菜販們買了些蔬果，再到雜貨店裡買了包米、幾片乾糧，幾日的三餐全靠這些解決，最後錢包裡躺著一百五十元蘇丹鎊（約台幣九十元）。蘇丹並沒有外匯提款機，我沒辦法領錢，接下來路過的小鎮也沒有換匯所，我要用台幣九十元在蘇丹度過最後一週。

用攜帶型卡式爐煮了頓簡單的蔬菜泡飯，等水滾的同時想起在上個城市遇見的摯友——穆罕默德，那是我最近一次的交談，因為有他我才能省下去金字塔的二十美金，是貴人也是朋友。吃

完蔬菜泡飯，在磚頭砌的浴室裡洗了冷水澡，之後便上床躺下了，睜著眼睛和天花板對看了好久，空氣靜謐得彷彿凝結了，在空蕩蕩的旅館裡，我聽得見自己的心跳聲。

「柔安，你已經好幾天沒有和人說話了，真希望明天就能遇見一個能好好交談的人，甚至是講中文的人。」在已經關了燈的房間，我和自己說話。「連講英文的都遇不到了，還想遇到說中文的？這是不可能的！」連自己都覺得好笑，窗戶透進來的微弱白光中正閃爍著一顆一顆飄浮的灰塵，「別想了，趕快睡吧，明天要早起看日出，還有看金字塔。」風輕輕地偷渡過窗沿，吹拂我的臉頰，陽台那盞白色燈泡時不時滋滋作響，讓人心裡越發寂寞。

金字塔前的奇蹟

第二天，天還沒有亮，我爬上鎮裡最著名的那座土黃色山峰，在撒哈拉沙漠上看見了第一道日出，魚肚白的天空轉為嫩粉紅色，接著在山的那一頭，一顆蛋黃慢慢上升，金黃蛋液瞬間佈滿整片沙漠，「真美，就像置身天堂，但天堂裡只有我一個天使。」我自言自語：「不過這麼胖的天使飛不起來吧？」說完大笑了起來，孤身自娛我已經習慣。

下午踏進沙漠中找金字塔，蘇丹金字塔和埃及的不太一樣，數量有兩百多座，是埃及的幾十倍之多，但是高度大約只有十米，小了許多，名氣自然也小，是真正被人類遺

忘的歷史文明。沒人保護也沒人觀賞，倒也不是什麼壞事，或許金字塔心有不甘，但至少法老們得以享受後世安寧。

在這片偌大的沙漠裡，清澈的藍天中，伴隨我的是屹立千年的金字塔，頓時覺得自己渺小得微不足道。我自拍了好幾張照片，離開時有些落寞，就像一個人在散場後的電影院裡。

這時我注意到，在風的呼嘯聲裡夾著人們的交談，我停下了腳步，等他們走來，直到看清楚他們的身影，兩男兩女，

等他們的對話變得清晰，是中文！他們說的是中文啊！我興奮地對他們喊：「嘿！你們是哪裡人？」

最大的幸運

「我們是中國人！」兩個男生回答。

「中國人啊？中國哪裡啊？」我笑臉盈盈地朝他們走去，在蘇丹說中文的人就像沙漠中的水一樣難能可貴，他們還來不及回答，兩個女生搶著問我：「你呢？哪裡人？」

「我是台灣人！我好久沒遇到說中文的人了！」我語氣高昂地說，難掩我的雀躍。

「蘇丹的遊客真的很少，你也是我第一次遇到的台灣人，台灣很好啊！」兩個女生禮貌地誇獎台灣，讓我很開心。

「你們呢？來自哪裡？」女生們面面相覷，笑說：「你猜啊！」從他們的口音裡聽來沒什麼捲舌音，「廣東？」他們搖頭，「福建？」

一樣搖頭，「難道是……台灣？」這是最後一個最不可能的答案。

「對啊！台灣！」他們奸詐地笑了笑，我手指著他們，大聲尖叫：「怎麼可能？我在非洲旅行四個多月，一個台灣人都沒見到，竟然在蘇丹這個沒有遊客的地方遇到台灣人！太神奇了！」我又叫又跳，金字塔裡沉睡的法老都要被我驚醒了。

他們是Lydia和Anna，在蘇丹工作，巧的是，我下一個前往的城市是他們住的地方，我們約好到時候再見一面，在暮色轉暗之前，我們擁抱告別。那天晚上我哼著歌跳回旅館，想著是不是前一晚許願時剛好有流星劃過呢？

晚上，我同樣煮了蔬菜泡飯，配上Lydia他們午餐剩的炸雞，是頓奢侈的一餐。還來不及清理餐桌，旅館大門被打開了，兩個歐美男人走進來，說是今晚的住客，我們在餐桌邊坐下來一句句地講個沒完，內心那個孤單陰暗的角落，終於被塞進了滿滿話語，直到飽和。

一切一切，漸漸進入佳境。

幾分鐘內連遇兩個貴人

隔天的大包裡塞滿了期待，因為我要前往Lydia和Anna所在的城市——一百多公里外的棟古拉。一走出門便遇上了旅館主人，他問我去哪，我說：「去棟古拉，搭便車去！」他要我上他的嘟嘟車，載我到搭便車的主要道路上。

在車上，他用不連貫的英語不停對我說：「搭便車很難！如果沒有成功，就回來吧！再住一天！不要錢！不要錢！」他努力地擠出所有會的英文單字，臉都漲紅了。我想起幾天前和他談住宿費時，講了半個小時他才勉為其難給我折扣，我知道對他而言，免費住一晚是多大的善意，我感動地直道謝。

走到公路上，豔陽下、沙漠邊，有一台車從反方向為了我折回來，我上了車，開車的大叔說：「在蘇丹，沒有人會讓一位淑女在太陽下站太久的！」說完後開懷大笑，這倒是真的，蘇丹人都很友善。「但我沒有要去棟古拉，我載你去車站替你買車票吧！」我連忙說我可以再招下一台便車，但他不理會我的話，硬是把我載到了車站。他拿了幾張鈔票，再從頭戴白色禮帽的小伙子手上接過一張車票。「喏！你的車票！搭便車不安全啦！」他和剛見面一樣大笑了幾聲，拍拍我的頭：「路上小心！」

明明是素昧平生，我到底何德何能受到這麼多幫助呢？在短短二十分鐘內遇上兩個貴人，我的心瞬間被大量的感動和感謝占滿，幾乎要超載了，我重重地握住他的手，「謝謝、謝謝」，就像要把那份滿溢的心情通通洩堤給他似的。

三天生活像回到台灣

在棟古拉，和 Lydia、Anna 和一個中國男人鄭大哥住在一起，那是一種很踏實的幸福。我們沒特別做什麼事，卻把每件事做到最好，就像在家裡一樣：好好做頓台灣料理、好好散步曬太陽、好好利用整個下午畫肖像給他們、好好到市場聽他們用蘇丹話挑最新鮮的菜、好好在尼羅河上釣魚、講我們台灣人才懂的笑話，還有好久沒說出口已經快要生鏽的台語。她們教我做蔥抓餅和麵條，還送我豆瓣醬，告訴我這樣在國外也能吃到家鄉味。常常在早上剛醒來的瞬間，會恍恍惚惚以為我在台灣，那片我最愛的土地。

在棟古拉的三天，是難能可貴的靜養和充電，不用擔心下一餐要吃什麼、不用煩惱如何找到最便宜的旅館、不用想著明天又是孤身一人、更不用擔心沒有人聽得懂我說話，就像我在蘇丹也有一個家。

他們問起我下一站要去哪？我說我打算要搭便車離開蘇丹，Anna說要替我買車票，我急著拒絕：「這裡很容易攔車，更何況我這幾天吃住都靠你們呢！」我著急地說。「說什麼呢？真的要算？那你說，一張肖像畫多少錢啊？你畫畫給我們，我們都還來不及感謝呢！」說完後他們便穿上鞋，往門外走去替我買車票了，我只能愣在原地不停地想，我為什麼會這麼幸運？

離開棟古拉的那天有些難熬，旅行中最矛盾的是遇上喜歡的朋友，卻終究會離開。這幾年來我漸漸學會不強求，所有安排都是最好的

安排，來了就來、走了就走，不強求離別，只求再相見，學著接受，再創未來。我們說好回台灣要再見，給了他們最後一個擁抱。

被天使們守護著

一週之前，錢包裡有一百五十鎊（台幣九十元），一週之後，在離開蘇丹的那台小巴士上，還剩下八十鎊（台幣五十元），如果說這不叫做奇蹟，那什麼是奇蹟？就像是有天神在我身旁裝了透明錄影機，隨時派遣天使幫助我，我想起小時候玩過的小天使與主人翁的遊戲，冥冥之中我成了誰的主人翁？

因為穆罕默德而省了大把門票費、在極為孤單時遇上在非洲旅行的第一位台灣人、在沒錢搭車後遇上了好心的旅館主人和便車司機、在最需要補充能量時有了棲身之所。這一切一切，若是缺一，我可能流落街頭、挨餓度日，便無法安然地搭上這班巴士離開蘇丹。我幸運

得不可思議，順利到讓我不安的地步，是不是我已用光所有的好運呢？

我陷入沉沉的思考，剎那間巴士的老收音機響起阿拉伯民謠，把我拉回現實，我看著收音機上頭，顯示了4444的數字，我瞬間明白一切了。

4444就是所謂的天使數字，它的意思是：「你的身邊有很多天使守護，而你也被天使們深愛著，你不需要畏懼，因為不管什麼事都會變好的。」

Cosplay不同的生活方式

我在內蒙古大草原上舞動長棍放羊，還參加塔吉克婚宴、嘗麋鹿肉，這些樂天民族讓我知道，世界上不只有一種過日子的方式。

旅行之前，我總覺得自己的一輩子已經被預見了，好好讀書、考好大學、找好工作、再找個好老公嫁了、白髮蒼蒼牙齒掉光了、然後死去，對於人生的每一個階段，我沒有太多期待，只知道一直走下去，直到人生的終點。

「我曾經以為旅行只是一種讓生活透氣的方式。」為了遠離現實生活的忙碌，用來喘口氣、淨化心靈的一種逃避，後來的後來，走了更遠、更久之後，旅行對於我的意義已經不再如此單薄。

你玩過楓之谷嗎？

楓之谷是我童年的遊戲，我們讓各個不同職業透過打怪的方式增加經驗值，當時我最先選的職業是弓箭手，後來又開了新帳號練劍士，最後還嘗試了魔法師，在不同職業裡學習新的技能，也為自己找到最喜歡也最適合的職業。

體驗獨特的生活方式

我喜歡旅行，因為我彷彿可以藉由和不同的人一起生活，而過上各種不同的日子，就像楓之谷一樣，滑鼠一點，我可以從弓箭手輕鬆轉換成魔法師；而旅行則是機票一買，我可以把台灣的

柔安轉換成異國的柔安，體驗世界上不同的生活方式。

旅行之後，我對人生又重啟動力，因為我可以 Cosplay 各種的生活方式。

差別在於 Cosplay 是種裝扮，不論你多鍾愛這個角色，你還是得回歸現實，旅行則徘徊在各種不同的生活方式之間，若是你真的喜歡，你可以選擇待下來，你可以融入當地，真正的成為他們的一分子。這是旅行最神奇的地方，不只是 Cosplay，你幾乎可以讓這種生活方式變成自己的。

二〇一六年夏天，我到了內蒙古，在兩千多海拔的高原上，天氣微涼，風颳得我頭髮四散，我只得想像自己是《環珠格格》裡的角色，自以為浪漫地唱起瓊瑤姊姊的歌：「你是風兒～我是沙～纏纏綿綿～到天涯～」我不確定山谷下的馬兒是不是聽到了我的歌聲，紛紛轉過頭來看著我。

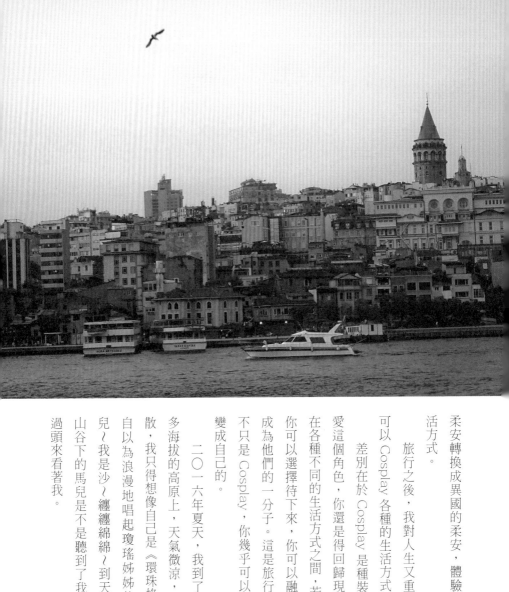

遠處有一大群羊隻，我朝著那一隻隻的小白點走過去，牠們怕我，總是在我快靠近時慵懶地挪了身體幾步，再轉頭回去繼續吃草。

「嘿！你在幹嘛？」我轉頭一看，山頂上有個大叔叫我，他頭戴著軍綠色棒球帽，臉上被歲月刻畫得有些滄桑，身上那件太大的深藍色襯衫被胡亂的風灌入而亂扯，讓他的身材顯得更加瘦扁，他右手拿著長棍，棍前繫著一條繩子，很明顯的，他是牧羊人。

「我在和你的羊玩呢！」我大叫著，慢慢朝他走過去。

草原上當一回牧羊人

他是達叔，這些羊有一部分是他的，他們村裡的人每天一早就把各自的羊集中起來，每家人輪流放羊，而今天剛好輪到達叔。

達叔是個靦腆的老實人，他的純樸和曠達就像這片草原上的小草，不是最耀眼卻是堅韌的，我想這是以農放牧維生的人共同的氣質吧！達叔揮舞著他的長棍，嘴上喊著：「喝喝哈！」羊群就像內建程式啟動一樣，立刻都往前走了，達叔慷慨地教了我幾招，我大力舞動著長棍，幻想著自己成為了牧羊人，雖然那些羊都不搭理我，但是在記憶中，那個下午我是一直笑著的。

晚上，達叔請我到他家作客，他老婆煮了一大鍋熱騰騰的麵疙瘩，讓我暖胃同時也暖了心，在飯後達叔甚至讓我住下，塞錢給他他也不要。鄉下人家的慷慨總是不求回報，我只好偷偷把錢擱在桌上，用盤子蓋住。

隔天一早，看見達叔和老婆剪羊毛，拿著一大把剪刀，替綿羊逐一進行瘦身手術，我好奇地

湊在一旁。達叔拿著剪刀一面熟練地剪羊毛，一面看著我說：「小姑娘，你會不會想要當牧羊人試試呢？」我一聽眼睛立刻瞇起來像月亮，「當然想啊！」小時候看的童話書裡，牧羊人是和自然、動物連結最緊密的職業，我不禁想像自己躺在草原的大樹旁慵懶地邊看書邊看羊的畫面。

「想啊？想就來吧！我這裡給你吃給你住！你就幫我放羊吧！」達叔笑嘻嘻地說，停下了工作的右手，「你知道吧？一大早起床先帶三隻馬兒去河邊喝水，再牽牠們回來把羊趕出去，太陽快下山就可以回家了！」我一聽開心地用力握著達叔的手直道謝。

然後我才發現，「牧羊人」這個如此夢幻遙遠的職業，只要在你啟程之後，遇到了一個牧羊人，就變得近的不得了，這是旅行帶給我最美的禮物，於是我開始思考人生的各種可能。

以麋鹿維生的遊牧民族

後來我從內蒙古到了蒙古國，跟了一個團要前往北方的查坦部落，那是一個遊牧民族部落，他們靠著放牧麋鹿維生，三個月移動一次，他們吃麋鹿肉、喝麋鹿奶，甚至把麋鹿奶製成起士，小朋友騎麋鹿代步，是個遺世而獨立的民族。

為了抵達查坦部落，我們一夥人整整騎了四天的馬，看遍了最令人感動的美景，騎馬渡過河流、走過曠野高山、跨越雪地冰河、站在懸崖上看著整座山谷，我被深深撼動。這時候「馬」不再是曾經在台灣認知的付一百塊騎十分鐘的動物，不再是供你胡蘿蔔餵食拍照的寵物，牠實實在在地成為我生活中的一分子，是賴以為生的交通工具，是不可或缺的好夥伴。

到了查坦部落，我和查坦人一起住在Teepee（傳統圓錐帳篷）裡，那是用幾根白樺

木作為骨架，在外圍裹上一層層羊毛氈和防水布的棚子，查坦族在 Teepee 中央生起火，燉了麋鹿肉給我們吃，吃起來有點像牛肉。當晚突然的一場大雨，使得白樺木的空隙開始滲雨，我們把雨衣蓋在身上當棉被用，雨水滴滴答答在我身上打著節奏，我扎扎實實地體驗了查坦族日常會遇到的困難。

隔天一早，我們提起水桶，到幾百公尺外的冰河取水，一桶洗滌水、一桶飲用水，氣喘吁吁地扛回水桶後，開始和查坦小孩玩、教他們簡單的英文單字，他們水汪汪的眼裡竟是山水，那是沒有手機和電視污染的澄澈，而他們的臉頰上紅通通地像熾熱的太陽。

以自然為家

午餐過後，我們去查坦部落的幼稚園拜訪，他們的幼稚園和我想像的不同，也是幾頂 Teepee 佇立在草原上，外頭沒有招牌、裡頭沒有燈、沒有黑板，地板散落著一些玩具球和娃娃，放上幾張桌椅，外頭有幾隻麋鹿在遊蕩，孩子們直接坐在草地上吃點心，一切都是最自然原始的樣貌。

下午三點，太陽最熾熱的時候，那是一天中最適合洗澡的時刻，因為泡澡的地方正是早上打

水的冰河，拿起乾淨的內衣褲就往冰河裡跳，當我全身赤裸泡在冰河中，豔陽在頭頂高照，四周寂靜，只有冰河的潺潺水聲，和遠處偶爾傳來的馬叫，山頂上有幾片上千年來從未融化的冰雪。我從來沒有任何一刻比起此時還要靠近大自然，這片原始的土地，彷彿將我重新洗滌，有好幾個瞬間，我感覺自己離台灣的柔安好遠，在這獨特的時空裡，我無形中養成了另一個獨特的我。

和查坦人一起生活的日子，我知道住宅並不一定是高聳的大樓或是小小的公寓，只要有個遮風避雨的棚子；交通並不一定要有卡車和火車，只要有一匹強健有力的馬兒或麋鹿；食物來源不一定要是大賣場和便利商店，只要有馴養的動物和天然的蔬果；洗澡不需要按摩浴缸和淋浴設備，只要有一條乾淨沒有汙染的河。

查坦人與自由相伴，以自然為家，這是另一種生活方式，因而養成了另一個我從未感受過

的自己，多麼祥和寧靜、多麼貼近自然的自己。

好客華美的塔吉克婚禮

二〇一七年十月，在大雪紛飛的純白世界裡，我舉起大拇指，攔下便車，從新疆喀什途經幾小時的山路，到了中國和巴基斯坦的邊境城市——塔縣，這裡是中國最西邊的境土，海拔三千兩百公尺。

那是個酷寒的冬天，雙手只能一直膩在棉襖裡，若是暴露在空氣中，不過五分鐘就會開始沒有知覺。

塔縣最大宗的少數民族是塔吉克族，人口只有四萬人，從漢朝就已經居住在這裡，他們是中國五十六個民族裡唯一一個有白人血統的民族，每個人都擁有高挺的鼻子，深邃的臉蛋，長得貌美英俊。

塔吉克族是好客的，我們只不過經過了他們家，就被他們邀請進屋參加婚禮，端出宴客

的茶、羊肉和饢，要我們多吃一些。塔吉克的服飾極美，鮮豔的配色加上無所不在的刺繡和串珠，讓他們整個人閃閃發光。

隨著新娘和新郎的進場，大家歡聲雷動，跳起舞來，一旁的孩子則負責用笛子和鼓演奏起簡單的音樂，氣氛沸騰到了極點，我也上場跳了幾支舞，大家齊聲為我歡呼，記得那天婚禮結束後，我和大家擁抱告別，眼角是濕的。

只上十天班的樂天民族

離開塔縣那天，早晨十點多，天才剛亮不久，我搭上青旅老闆的八人座廂型車，準備到郵局把寫好的明信片寄出，那是我第一次聽到有人抱怨熱情好客的塔吉克族人。

青旅老闆是個浙江人，他一手抓著方向盤，一手拿著點著的菸，對著後照鏡的我們說：「他們啊！懶惰得很！常常不來上班，做一天休兩天，找理由請假啦，或是乾脆直接不來！氣都氣死了！」老闆熟練地單手操控方向盤，情緒起伏絲毫沒有影響開車的穩定度，「我們酒店每個月二十號發薪水，我就要有心理準備，二十一號不會有人來上班了！每個人都在自家門口和朋友喝酒！」老闆大力吸了一口菸，搖搖頭地朝著窗戶吐了大口白煙，就像要將積怨已久的怒氣一次噴發似的。

「那你為什麼不把他們炒魷魚？」我憋著笑問，但心裡覺得他們真是樂天的民族。

「怎麼炒？這裡的人通通都是塔吉克族人，大家都這樣啊！換誰都一樣！」老闆止不住氣憤，又碎碎唸了一大堆。

「那薪水怎麼辦？」這些狂妄的傢伙真是可愛，在婚禮中就能感受到他們對生活的樂觀和曠達，他們保有一貫的作風，不被資本主義的悲歌所影響。

老闆開始找車位，車速放慢了不少，就像他的怒氣一樣，「他們一個月平均只會來上十天班，我就給三分之一的薪水啊！但你知道嗎？他們根本不在乎，只要能過活就好，反正有家有羊有牛，根本不需要多努力工作。」我在後座忍住別拍手叫好，怕又催化了老闆的怒火，從這番話裡已經聽出了塔吉克族的生活哲學。「最近，我們請了一個在烏魯木齊上過大學的塔吉克族女主管來管他們，這才好了一點，不然根本沒人要聽我說話！」老闆一邊倒車入庫一邊搖頭，他沒注意到後座的我已經笑到快要岔氣了。

無欲無求的快樂日子

我認真回想婚禮時認識的塔吉克族朋友，好多人都說他們沒在工作，甚至有人說：「冬天太

冷了，明年春天再動工啊！」如果這句話在台灣對老闆講，會直接被嗆：「太冷啊？那就窩在家裡喝西北風吧！」

塔吉克族人的樂天和隨遇而安是我從沒想過的，簡單而樸實。誰規定一週工作五天？誰規定一個月領一次薪水？誰說一定要升官加薪被老闆賞識？我們庸庸碌碌過一生，被困在社會期待裡，追求更大的房子、更好的生活，卻讓生活徒增壓力，累得只能追求生活中的小確幸。

塔吉克族人要的並不多，他們不用更大的房子和車子，不用高級的華服和佳餚，他們只在乎夠不夠用、開不開心，累了就休息，需要錢就工作，無欲無求地過日子，這也許才是最原始自然的生活方式，不是嗎？

當年，在學校時的我對未來是茫然的，但我很慶幸沒有在畢業後被關進辦公室做設計，我選擇去旅行，我看到了世界上正在發生的不同生活方式，和他們一起生活的日子裡，我常常問自己：「這是你想要過的日子嗎？」在和自己的對話中，我對未來的理想樣貌也愈來愈清晰了。

後來我才明白了，旅行不只是讓生活透氣的方式，更是在尋找適合自己的生活方式。

走到死路，總還有其他的路

越過柬埔寨最熱鬧的街道，我好不容易找到適合擺攤的位置，卻立刻被保全驅離，賺不到錢的我開始發慌：下一餐到底會在哪裡？

這件事是我一輩子都會一再說嘴的奇蹟，它在我以為已經無計可施註定失敗的那一刻，教會了我：「人生沒有絕境，走到死路總還有其他的路！」

初到柬埔寨的那幾天，我過得非常辛苦，因為在前一個國家越南時，我發生了一場車禍，那讓我賠了四十美金，我只好先預支準備留給柬埔寨的錢，加上入境柬埔寨的簽證費，我身上只剩下一千出頭，我必須想辦法靠這些錢撐過接下來的十幾天，相當於一天只能花一百元，要吃要住還要付交通費，這真的有可能嗎？

然而我並沒有太氣餒，想到了我手上還有那些賴以為生的畫具，我的心就安穩了許多，柬埔寨的吳哥窟引來各國的觀光客，我可以畫那些遊客來賺一筆，我已經在心裡畫好這完美的藍圖，沒有什麼需要太驚慌的。

被保全驅趕賺不了旅費

那天晚上，我到了柬埔寨暹粒最熱鬧的街——Pub Street 酒吧街，也是俗稱的洋人街，那裡晚上聚集暹粒大部分的觀光客，大家都在吵嘈的音樂裡找樂子，而我則戰戰兢兢地帶著畫具，越過了一位又一位喝得爛醉的觀光客，順利找到適合擺攤的位置。

剛坐下不久，我的攤位旁邊圍滿了人，我順利接到的第一門生意，是一位西班牙男子，他爽朗地說：「那就讓我試試看吧！」我懷抱滿滿的感謝拿起畫筆，過了不久，有一位柬埔寨人越過人群，他穿著淺藍色的制服，站在我的面前，他說：「我是這條街的保全，你不能在這裡擺攤，這裡有太多遊客，我必須保障他們的安全。」他的言下之意是，只要遊客多的地方，我都會被驅趕。我一聽，原先滿腔熱血化為死灰，我該怎麼辦？

身邊圍觀的人也早已經鳥獸散了，我緩慢地收拾好攤位，轉過頭去看著這群狂歡中的遊客，他們唱歌、跳舞，甚至有人抱著擁吻，而我和他們形成強烈的對比，我的腦中一片空白，

我陰鬱地、失魂落魄地繞過他們身邊，此刻頭上有片烏雲，像極一抹遊魂，我在心裡一直問、一直喊：「沒辦法擺攤賺錢了，我該怎麼辦？下一步該怎麼走？」此刻的我已經被逼到了絕境。

慢慢走回下榻的旅館，我發出「砰」一聲地跌進床裡，現在只有它能好好安撫我慌亂的心，這一晚的住宿費是九十台幣，再這樣下去剩的錢只夠住宿費了，吃呢？到泰國的交通費呢？我不敢再想下去，讓淚水肆意地流，在枕頭上形成一大片水漬。

拿起畫具再出發

二十二歲的我，這是目前為止遇到生命裡最大的困難，升學？延畢？失戀？這些曾經遇過的挫折，都比不上下一餐在哪還來得令人驚慌。在黑暗的房間裡，我的手機發出了微弱的光，是Hank傳訊息給我。

Hank是我當年在柬埔寨當志工時認識的大叔，他在柬埔寨長住了六年之久，在柬埔寨開了間旅館，是我心中十分仰慕的智者，當年我曾問他：「離鄉背井到柬埔寨生活，難道你不懷念在台灣的一切嗎？」而他聳聳肩回答我：「懷念，是因為過去有許多美好的回憶才得以懷念吧？那我在柬埔寨創造更多美好的回憶不就好了？」他簡短而意氣風發的回答，讓當年二十歲的我崇拜不已。

Hank傳來的訊息說：「擺攤還好嗎？」

「不好，我被趕了，現在不知道該怎麼辦？」我帶著淚用顫抖的手回覆訊息。

「柔安，你要不要試試看和酒吧談合作呢？」Hank的訊息像是救命繩索一樣，把在井底陷入黑暗的我拉了上來，我止住淚水。

原本眼前有一條華美的康莊大道，卻被硬生生地斬斷，而Hank的訊息為我即時開闢了一條新的小路，即使不知道小路會不會通，也不知道會通往哪裡，但我沒有選擇了，只能且走且看，拿起畫具，再次出征。

轉移陣地到酒吧前擺攤

我鼓起勇氣走進Angkor-What酒吧，英國籍的酒吧老闆走了出來，我用不流利的英文展開了我的攤版和他說：「我一直都靠著畫畫旅行，但我今天在街上擺攤被趕了，請問有可能在你的酒吧擺攤嗎？拜託你幫我，我不知道還能怎麼做了。」我誠懇地說，沒想到他只是看了我一眼，說：「So What?（所以呢？）」我的臉瞬間漲紅，沒想到他會這麼回答，下一秒我馬上裝作自信，語氣強硬地說：「讓我在這擺攤，也許會因為有更多人圍觀，而讓你的生意變得更好！」老闆翻翻我的畫，再看了我一眼，說：「好吧！那你之後每天下午都來吧！」我的臉上堆滿了笑容，我對他鞠躬感謝，這時我才了解到，與人談判最好還是得準備一個對對方有利的說法。

步出Angkor-What時我興奮到了極點，立刻對著依然吵雜且人擠人的酒吧街大喊大叫：「我成功了！有

希望了！」沒有人發現我的驕傲和狂喜，大家還是一樣飲酒狂歡，還是一樣熱鬧，和我的心裡一樣。

後來在柬埔寨的日子裡，我下午到 Angkor-What 報到，晚上 Hank 則讓我到他的民宿去駐點，讓我賺了足夠的錢，最後得以度過難關。

一直以來，我都以為我只能在路邊擺攤賺錢，但這件事讓我徹底突破了，原來只要有一門手藝在身，到哪都有機會活下去，我由衷地感謝這一切的發生，感謝 Hank 及時的提點。

三週以後我回到了台灣，三週之前在柬埔寨時寄給自己的明信片也送到了，上面寫著：「這本來就不是條容易的路，但絕對是條值得走的路，謝謝你還是願意鼓起勇氣走下去。」我讀著這封給自己的信，感到驕傲。

我一直記著這件事，它不時地會在我遇上困難時提醒著我：「人生沒有所謂的絕境，走到死路就再找其他路吧！人生中並沒有真正的死路，只有肯不肯開闢新徑的自己吧！」

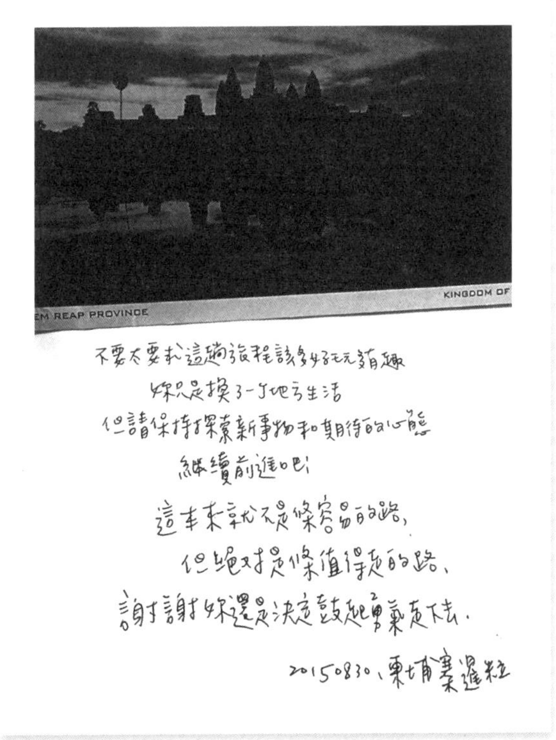
KINGDOM OF
EM REAP PROVINCE
不要太要求這趟旅程該多好玩有趣
妳只是換了一個地方生活
但請保持探索新事物和期待的心態
繼續前進吧
這本來就不是條容易的路，
但絕對是條值得走的路，
謝謝妳還是決定鼓起勇氣走下去.
20150830、柬埔寨暹粒

突然好想變成有錢人

非洲旅行時，我總是對於貧窮感到悲傷，然而沒有錢就很難立即改變，懇求所有善良的富人，出動吧！這世界需要你們。

我現在在坦尚尼亞的度假勝地 Zanzibar 島，喝著一杯拿鐵，在希爾頓飯店的咖啡廳裡做設計。沒錯，是希爾頓飯店，全世界最高級的旅館，但那不是因為我很有錢，只是非洲的網路真的太爛，我沒辦法把超級大的設計檔案傳上雲端，所以才忍痛來這裡點了一杯二點五美金的拿鐵，享受非洲最快的網路。

想當然耳，來希爾頓飯店的人都是有錢人，一看他們身上西裝筆挺就知道來頭不小。在我隔壁桌的是一位白人和一位黑人，他們的氣質非凡，正在談論坦尚尼亞的教育，正確來說是「要如何改善坦尚尼亞的教育。」蓋學校、建圖書館、建議坦尚尼亞政府……這些正在被討論的話題就在我旁邊發生，卻離我好遙遠，那一刻，我真的好想變成有錢人，應該說，我好想成為一個能為這世界做些改變的人。

不想再習慣非洲的貧困

有錢人就可以更直接地、立即地改變世界上的一些什麼，有錢人聚集在一起（像希爾頓飯店）就是超級有錢的群體，改變的力量更是不容小覷。在非洲旅行時，我一開始對於貧窮感到悲傷，

久而久之也開始習慣，因為我沒有能力改變，所以我只能習慣，習慣就能避免傷痛，但如果我有錢一點，和更多有錢的人在一起，我就不必只能「習慣它」，而是「改變它」。

有沒有錢這件事情真的很赤裸裸，在這裡借用WIFI的我，正在修改這毫無意義只是為了賺錢的設計案子，案子完成我可以拿到一般台灣人一個月的薪水；而在我隔壁桌這兩個正談論如何改變教育體制的有錢人，這對他們而言可能只是十分之一或是百分之一的金額，而替我們端茶水的坦尚尼亞當地人，我的這個案子可能是他工作五個月的薪水，再看看希爾頓飯店外頭在乞討的坦尚尼亞人，這個金額對他們更是一輩子的奢求。

一直以來，我都不想變成有錢人，即使我一直覺得要變有錢很簡單，要維持有錢才難，但這又是另一個話題了。我不想變成有錢人是因為我覺得我還年輕，年輕時窮一點比較好，我要經歷世界上每一種辛苦，讓我的心更強壯，這樣等我老一點就沒有事情可以挫折我了，老一點再變有錢就好；第二個原因是，我害怕變有錢生活會變無聊，因為有錢了，要煩惱如何維持有錢，不僅麻煩，也沒有更多時間去享受生活了。

用自己的方式改善貧窮

我一直對我現在的生活很滿意，寫寫文章、畫畫肖像、看看世界千奇百態，最重要的是，我知道我正在給某些沒有力量出發的人一點勇氣，我感覺自己擁有改變一些什麼的能力。回台灣後出本書，那是我的目標，不是為了賺錢（出書也賺不了多少錢），只是我知道出書是最簡單可以傳遞我的信念，可以大量改變一些什麼的方式。但是啊，我突然弄懂了，書，是有受過教育、有點消費能力的人所擁有的東西。太多非洲當地人家裡，鍋碗瓢盆擺在角落，頭頂上只有一顆微弱的燈泡、沒有衣櫃，所以皺皺的衣服都堆在地上，家中一本書也沒有，更別說是書櫃了。我才發現，我真的想改變的是這些人，而不是那些生活還過得去，只是闖不出去的人。

貧窮和富裕就這麼赤裸裸地展示在面前，而真正能帶給世界最直接、最立即的改變，是這群西裝筆挺的人。

突然好想變有錢，但我知道沒辦法馬上達成，所以可以請世界上的有錢人更慈悲一點嗎？好喜歡連加恩說過的一句話：「好命的人就應該比別人付出更多，這樣好命才有意義啊！」

我會繼續努力以自己的方式一點一滴地改變世界，不過在那之前，有錢人出動吧！就靠你們了！（丟神奇寶貝球的感覺）（本來是想打感性文的啊）

寫一首詩給你

流浪者之歌

一直以來對我影響很大的書有三本，一是《牧羊少年的奇幻之旅》，它讓我開始信仰宇宙，發現了靈性的力量；二是《小王子》，它時時提醒我要保持初心和對世界的好奇。

第三本是我最喜歡的書——《流浪者之歌》，它寫的是一個人成佛的過程，悉達塔有好的身世，卻決定要當苦行僧，之後被色慾及貪念纏身，最終成道的種種體悟。它同時也提醒我要成為怎麼樣的人，還有想要過什麼樣的人生。

看完《流浪者之歌》後，我寫下一首詩，希望我們能更有熱情的看待生命、更有勇氣達成理想。

我想我也是另一個悉達塔
都在尋找生命真正想給我們的東西

我想我們誕生在這地球上
是身為人

而不是其他動物
因為我們有些事該學習
不是要安穩平凡的直到死去
我們是來探索生命的奧妙的
懂得愛　愛別人和愛自己
懂得冒險
懂得尊重
懂得發現生命的極限
懂得自我的價值
懂得什麼是真正重要的值得守護的
而什麼是膚淺的什麼只是過眼雲煙
懂得追求內心的平靜和歸依
要懂得在內心打造一個這樣的地方
那是一處你隨時都能躲進去　覺得自在的地方
懂得活在當下
因為你不需要倚靠過去或財富而活著
懂得聽心的聲音

順應心的感覺
懂得在不可能中找到可能
在絕望中找到希望
懂得關懷和包容
懂得信任你不認識的陌生人
懂得世間萬物的和諧
懂得相信直覺
懂得培養感官的敏銳
我也漸漸體悟我該追求什麼

心靈的飽滿開闊
內心的平靜
不停的思考 無盡的思考

有很多方法
但我想旅行是條捷徑
脫離舒適圈的那種旅行
我們在安逸的生活中往往難以覺知
也難以接受挑戰

對生命有了這樣的發現
似乎未來的每一天都活絡了起來

後記　旅行的收穫

我們都是一樣的

剛到非洲的時候，我像是進入了電影的世界。

我拿著手機，興奮地拍下路過的每一個路人、每一個攤販、每一間店鋪。我甚至爬上頂樓，趴在欄杆上仔細的觀看下面發生的一切，看非洲人抱著孩子過馬路、頭上捲曲的黑髮、身上穿著大花衣著，以及庸塞的交通，這一切都讓我深深著迷。這些膚色和面孔一直以來都只能出現在電視機裡，現在卻活生生地在我面前，我置身於一個不一樣的世界。

那天，我坐巴士到了 Magadi Lake，這裡是馬賽人的領地。一下巴士同車一位身材高挑的馬賽女子問：「你們今天住哪？找好住宿了嗎？」我和同行的日本夥伴面面相覷：「還沒，你有推薦的地方嗎？」

身材高挑的女子想了想說：「嗯……不然你們來住我家吧！」絲毫沒有猜忌和懷疑的，他就這樣邀請三個外國人到她家，參與她的生活。

她是Jane，一個美麗動人又善良的女子，我們在她家待了三天，她帶我們到處走走、和我們談了馬賽的文化，我們在她去上班時幫忙照顧才六歲的可愛男孩，在離開那天，我畫了一張肖像給她，上面寫著：「Magadi Lake is so beautiful, just like your heart,the most beautiful heart.」她擁有一顆最美的心。

在和更多的非洲人相處過後，我發現那個趴在欄杆上看著非洲人的自己漸漸消失了，我不再把他們切割在自己的世界外面，那不再是另一個世界，我更深地體會到，就算我們膚色不同、面孔不同——我們都是一樣的。

那個非洲女孩說她和男朋友分手了，每天都難過得吃不下飯；那個非洲男孩告訴我，他上週的足球比賽得了冠軍，笑得比誰都開懷；那個非洲媽媽說她的孩子昨天終於開始上小學了，她為他的成長感到歡喜；那個非洲司機說下班後要馬上回家，因為要趕緊和老婆小孩一起去吃晚餐。

膚色種族不一樣，但七情六慾都相同，我們和他們都會哭、會笑、會流淚、會感動，看著這些在電影裡才會看見的黑人們，一個個在我面前坦露真情，分享彼此的生活點滴，我和他們自在地相處在一塊，沒有孰輕孰重，沒有誰黑誰白，我們都是人，我們都是一樣的，真的都是一樣的。

保持警戒是必須的，但不要保持距離

在旅行的一開始，要信任陌生人的確是困難的，因為我們被電視養壞了，以為搭便車一定會

Magadi Lake is so beautiful,
Just like your heart, the most beautiful
heart.

遇到壞人，以為有人主動和你說話就不安好心，但事實上，世界上的好人比壞人多太多了。

媒體為了引起收視和話題，所以播報人們愛看極端的事件，它告訴你今天有人搭便車出事了，但它絕對不會告訴你，有個台灣女孩搭了超過兩百次便車，並且一路上相安無事。媒體塑造出彷彿世界的惡是理所當然；而世界的善並不那麼顯而易見。

在我旅行印度非洲時，要踏出機場那一刻，我也會感到害怕和不安，這時候我會告訴自己：「這些地方也是他們的家啊！」他們可以活在這裡這麼久，那我在害怕什麼？我們都是人啊！

記得我在肯亞奈諾比機場時，遇到一名也獨自旅行的日本女生 Yumi，她問我等等要去哪，我說：「去市區啊！」根據以往的經驗，反正到一個國家就先到市區就對了，這時 Yumi 面有難色地說：「你難道不知道奈若比市區是世界三大危險城市嗎？一般遊客沒事不太會待在市區的！」我還真不知道，我是異常懶散的背包客，一點資料都沒查。

後來我和 Yumi 一起到了奈若比市區，聽說可以找到比較便宜的動物大遷徙行程，而且有人同行總是心安一些。在奈諾比的前三天，我們都不敢和當地人說話，並且一定在傍晚前回到旅館，不管肚子再餓也不敢再出門。

那一天傍晚，天色漸漸黑了，我卻還找不到一家想去的商店，Yumi 說他要趕快回旅館了，我和她告別後，獨自一人不安地在街上亂闖，終於在猶豫後決定問當地人，我特地挑了一個看起來乖乖的男生，他告訴我該怎麼走，我順著他說的再重複一次，他看著我有些疑惑的樣子，便笑著對我說：「跟我來吧！」接著他把手插進運動外套的口袋裡，帥氣地向前走。

老實說一路上我都還是擔心的，我在想他的口袋裡會不會放了什麼武器？他會不會故意把我帶到危險的地方？

結果是我想多了，他領著我到店門口，貼心地問了我要買什麼，他把我要買的東西告訴店員，幫了我一個大忙，我笑著和他握握手感謝他，他也笑著對我說：「Have a nice day!」他又帥氣地將手插進口袋裡走掉了。

從此之後，我在市區不那麼害怕了，也不再刻意遠離當地人了，我想，保持警戒是必須的，但是不要保持距離，這樣才不會錯過人們最美的一面。

從容不迫的生活態度

Pole Pole（唸法：坡勒坡勒）是斯瓦希里語的「慢慢來、慢慢來」，斯瓦希里語是肯亞和坦尚尼亞的語言，在這裡幾乎每天都能聽到 Pole Pole。有人跌倒他們說、有人喝太多酒他們說、有人塞車不耐煩他們說、有人吵架他們也說，在肯亞和坦尚尼亞，Pole Pole 的確是他們的生活步調，也是生活的哲學，雖然他們的慢也常常慢到讓人生氣。

在資訊化的世界裡，我們在短時間內吸收好多資訊，有時我們會慌張，怕趕不上別人，但在非洲的我，聽到他們一再地說 Pole Pole，彷彿我也被催眠了，Pole Pole 漸漸成為我的信仰，那是一種生活的態度、是內在的優雅，是因應這個世界快速變化的良藥。

我人生中刺下第一個刺青——Pole Pole，刺在左胸，也就是我的心上，希望我的心能總是 Pole Pole，不急不躁、不慌不忙，處變而不驚，用優雅的心境面對世間各種離散。

有人問我，如果有一天你後悔刺了這個怎麼辦？能消掉嗎？因為人的想法和價值觀是變化無常的，我告訴他，不需要消掉啊！每個想法都是成長的痕跡，就像受過傷的疤，不能消掉我也不想消掉，那都是我走過的痕跡。

在肯亞這個國家刺了 Pole Pole 對我意義重大，就像是這片大地賜予我的禮物。刺青完之後，我和一個肯亞朋友走在奈洛比的大街上，他對我說：「一切都慢慢的會很難做好事。」我說：「心慢慢的並不代表動作也是慢慢的，我追求的是心境上的從容不迫。」

願 Pole Pole 一直長存在我心上。

旅行給我最珍貴的禮物

德國時尚攝影師 Peter Lindbergh 曾說：「如果要我說一件活到七十三歲才懂的事，那一定是：人生在世最好的態度就是，不以物喜、不以己悲，也不要試著取悅別人。每個人必須按照自己的意願去做你想做的事情，保留著自己那份優雅。」

「開始旅行之後對於人生最大的影響是？」我的分享會上，有人問到這個問題。

我算是比較晚開悟的，我用了一年的時間學會如何旅行，再用後來的時間學會旅行中該學會的事。一開始的旅行，我專注於克服沒錢的心理壓力和英文能力，過了一年後，我才開始學習旅行中該學會的事，像是思考人生、理解不同文化、學著和當地人一起生活等等。

這幾年下來，我想收穫最多的是「了解自己」。

「旅行是日常生活的濃縮」，我一直這麼覺得。旅行中你會在短時間內遇到大量的相遇和分

離、大量的選擇和失去、大量的思考和懷疑，那都將使你更靠近自己，因為孤身一人的你已經沒辦法只說「隨便」、「你決定就好」來應付生活，旅行中你什麼都要靠自己——以及自己最誠實的心。

一天一天、一點一點，你的心漸漸變得澄淨透明，就像魚缸中無所遁逃的金魚。

旅行之前，我喜歡強壯有力的獅子，去了動物大遷徙之後，我才發現我更喜歡大象，大象啊，雖然一隻笨重的龐然大物，但你知道嗎？我在草原上看到牠時，牠的行進速度卻比我想像快多了，因為牠大，移動的速度自然也快。

以前的自己比較衝，想要有魄力，太有侵略性和也太好勝，當時的我喜歡獅子，而在時間的歷程下，我已經默默變了。在動物大遷徙時看見自己的轉變，就像掀起新娘的頭紗一樣，我發現自己想成為一隻大象，又大又穩卻有效率，像那種有實力而不急不徐的人。

在旅行中，我一直對發生的、看到的事，來對自己喜好進行分析，和過去的自己對比，藉此更了解自己。

在旅行之前，我一直以為我愛海，那是浪漫的象徵；旅行之後，我每天在海邊搭帳篷，差點被海浪吵死，我才知道，以前的以為只是我以為；我才知道，那股喜歡是被大眾渲染的喜歡。走過更多地方，在河邊、海邊、湖邊露營過後，我才發現其實我更愛湖，我愛湖的平靜優雅勝過於海的壯闊無垠。

你以前喜歡的，可能已經不再是了。（就像獅子和大象）

你以為自己喜歡的，可能只是你以為。（就像海）

而你真正喜歡的，可能並不一定真的適合你。（就像隔壁班帥哥）

只有多問、多看、多嘗試、多體會，才能和他、和她、和自己好好相處在一起。

旅行之後，我發現自己一直過著一種非主流的生活，我知道我終究會結束旅行，而我的潛意識裡不斷排斥著回歸主流，所以那陣子我一直被困在不知道未來何去何從的煩惱裡。

再更後來，「自己的樣子」愈來愈清楚，這時候我終於能脫下了世俗眼光的枷鎖，因為看清楚自己什麼樣子、自己真正要的是什麼、喜歡的是什麼，才能撥開那層擋在眼前的迷霧。主不主流是社會定義的、是虛假的、是不穩定的、是會變動的，只有「自己」才是絕對真實的存在、是值得依靠的、是無可抹滅的。

我的日記本封面上寫著三句話，時時提醒自己：

了解自己的樣子
喜歡自己的樣子
再追求自己理想的樣子
這樣就好。

Q&A時間

疑難雜症大解析

教你如何邊畫畫邊旅行

以下的問題都是分享會上常常有人問到的，希望對大家有幫助。

Q：你的畫具有什麼？

A：

1、**明信片大小的紙：**事先切好的，背後是真的明信片，因為我畫的常常是觀光客，希望他們收到肖像畫之後也許可以寄給遠方思念的人，不過大部分的人都捨不得寄。

2、**三支代針筆：**兩支0.1的畫輪廓、一支0.5寫字。

3、**兩支自來水筆：**其中一支備用。自來水筆是造福藝術家的偉大發明，不用帶著水和抹布就能完成畫作。

4、**櫻花十二色隨身水彩盒：**十二色其實不太夠，我會事先擠上其他常用顏色（例如皮膚色），來避免太常混色而花太多時間。

5、**一個A4畫板：**有時候忘記帶會直接撿厚

一個人至少擁有一個夢想
有一個理由去堅強
心若沒有棲息的地方
到哪裡都是在流浪
三毛 1943-1991
Echo
2017.10.24

POWER Book

我記得論斷不管一個人是否有宗教信仰，並不是那麼要緊，最為重要的是，他們要是好人。

Stay Hung
Stay Foolis
Steve Jobs

紙板代替。

6、**事先畫好的名人肖像畫：**畫些大家認得的人才有公信力，我常擺上賈伯斯、約翰藍儂、達賴喇嘛和三毛，他們也都是我的偶像，帶著他們擺攤就像被保佑了一樣。

7、**兩張裝進相框裡的肖像畫：**擺攤用來裝飾用的，讓畫看起來更高級。

8、**攤布：**一塊上面大約可以做兩到三人的布，我喜歡用民俗風的。

9、**粗麥克筆和膠帶：**用來製作攤版的。

10、**Power Book：**能量書，它同時也是充滿故事的書，這是我擺攤最重要的東西。一直以來我的肖像畫都有個習慣，要寫上能量句子送給客人，這本書一開始是我自己收集句子的本子，後來客人們也都開始寫上自己喜歡的句子，他們會告訴我寫這句話背後發生的故事，當我沒有靈感時會參考這本書，同時將那位客人的故事再分享給下一個人，是一本故事傳遞

aiwan
Earn Money For Travel!
Hair Braid → donation
EXAMPLE
Or Draw your Portrait!
AMPLE → 10 mins, 200 RS/per person.

Stay hungry
Stay Foolish!
Stay true to who you are.
台灣畫家，靠畫畫環遊世界
和我聊天，我寫一句話送給你！
Vietnam
Thailand

的書！現在已經有蒙古語、法語、柬埔寨語等等各式各樣不同語言的金玉良言了！

把它們全部裝進一個帆布袋裡，要擺攤時就直接從大包包裡拿出帆布袋，就可以去擺攤囉～這些東西加起來，不會超過一公斤喔！

Q：要怎麼擺攤呢？

A：

STEP1 做攤版

到附近的雜貨店和商家要一個廢棄紙箱，或是街頭垃圾桶旁也常會有，把它拆解開來，寫上：「I'm traveling by painting, from Taiwan.」之類的字樣，黏上事先畫好的肖像畫當範例，再寫上所需時間和價錢，用水彩把重點的地方塗上顏色，基本的攤版就完成囉！但如果到了英文能力比較差的國家，可以請當地人幫你翻譯成當地的文字喔！這會讓生意好上不少。

另外的小訣竅是，可以在厚紙板上畫上一個超大肖像來讓街頭路過的注意到你（如果黏上去的畫太小的話），但是人生地不熟的，你該畫誰當超大肖像的主角呢？聰明如我會畫上鈔票上的人，那絕對是所有人民都認識的人，而通常面額愈小的人愈重要！我在土耳其時畫了一塊錢上面的凱末爾，當時我並不知道他是誰，後來很多土耳其人紛紛跑來好奇地說：「他是我們的國父欸！你也認識他嗎？」我就會羞愧地笑著說：「其實我是看到鈔票才畫的啦……」他們會覺得很好笑，並且開始和我說起凱末爾的事，我們之間的距離也因此拉近了！他們讓我畫畫的意願也會提高不少喔！

STEP2 找地點

我擺攤通常會選擇晚上，因為這時候人們會比較悠閒，加上沒有太陽，客人也會比較願意坐下來好好讓你畫一張畫，畢竟旅行擺攤沒辦法帶大陽傘。

地點我會選熱鬧、行人走路不會太急的地方，比如百貨公司前、集市前、夜市旁、市區的步行街上，這些地方遇到的人身上才有帶錢，我一開始擺攤隨便擺在公園裡，散步的人通常都沒帶錢，但是擺攤地點還是要依據自己的商品來思考，例如逛百貨公司的人可能比較屬於高階份子，他可能喜歡比較精緻的東西，若是你的商品比較接地氣一點，可能就不適合；而若是你擺在夜市，單價就不能太高。

若是你在比較窮困的國家擺攤，最好是找觀光客喜歡去的地方，因為賺觀光客的錢比較快。通常酒吧附近都不錯，喝醉的人腦波弱，比較容易被說服。

Q：被趕怎麼辦？

A：

通常擺攤被趕時警察會念在你是初犯，並不會真的罰你錢，這時候你可以試著找一些店家談合作，在他的店裡駐店或寄賣你的商品，記得！要真誠！（請參閱文章P.230〈走到死路，總還有其他的路〉）

駐店的話我試過酒吧和民宿，酒吧的人會為了找樂子或是因為好奇來讓你畫，而且其實喝酒的人都還滿阿沙里的（閩南語「很乾脆」的意思）；民宿的話則要等客人晚上都回到旅館大廳耍廢時，相信我，大部分的人都在滑手機或裝文青，有錢又有閒的人們絕對不能放過！如果遇過團客的話，畫了其中一個人，很容易其他人就跟風一起畫了！

有時候駐店畢竟還是可能困擾到店家，所以你可以詢問店家是否可以在他的騎樓前擺攤，因為可以讓經過的人更注意到這裡和這家店喔！（很重要的談判手段），騎樓的場地在下雨時也可以繼續擺攤，是滿好的策略。

Q：食衣住行怎麼省？

A：

食

食的部分其實我沒什麼訣竅，但別忘記了，出來旅行就是要體驗當地人的生活樣貌，所以看哪裡多人就往哪裡跑吧！便宜又大碗的就在那裡！

在坦尚尼亞的Zanzibar島，我坐在海邊看當地人一直彎腰撿著沙裡的貝殼，我和他們聊天後才知道那是一種小蛤蜊。我請他們教我挖，不到十分鐘就挖到一大碗小蛤蜊，接下來幾天我都吃蛤蜊泡飯，幾乎沒花什麼錢。所以「觀察」是很重要的省錢技能喔！

有些青旅會有廚房，可以自己下廚或是和其他背包客各自煮一道家鄉菜，既省錢又可以吃到各國料理，不過有些青旅會收廚房使用費，有些甚至比直接買食物還貴，這點要注意一下。

我自己會帶露營式的爐頭和瓦斯，隨時可以煮些簡單的料理，泡泡麵或是泡咖啡都很方便，不過注意，瓦斯不能帶上飛機，建議到當地再買。

另外我還有一些撇步，雖然說來有些丟臉，但也是省了不少錢！

在西安擺攤時，常常有客人很好奇我的故事，會希望約我吃飯，多和我聊聊，而且你知道的，中國人通常都對外地朋友很大方，於是我常常每晚有三個以上的客人約我，我就把他們平均分配到隔天的早、中、晚餐，嘿嘿，那時候真的省了不少錢。

記得在雲南大理時，有條著名的酒吧街，但酒對我實在太貴了，我就故意選了一間喜歡的酒吧在前面擺攤，經過的客人常常和我聊得投緣，就會邀請我一起進去聽音樂聊聊天，不知不覺也是省了一大筆！不過我還是會畫畫送給他們做為感謝啦～

衣

如果擔心行李超重，那我建議先準備一、兩套，之後再到當地買，畢竟當地的衣服最能夠反映當時的氣候，而且價錢也可能會比較低喔！在很多地方的傳統市集裡都有便宜的二手衣，甚至有些專門賣二手衣的店家是「秤重」來賣的，是很不錯的選擇。

住

住宿是旅行中最貴的部分，省了住宿就省一半了啦！

1、彩繪牆壁

我通常會先找一間新開不久的青旅，那代表會有「空牆壁」，老闆也會更願意體驗新事物！

（也為了省錢）我會先準備好自己畫過的作品，詢問老闆是否有意願讓我畫牆壁交換住宿，通常換牆壁的行情是很貴的，這對老闆而言根本是一門只賺不虧的交易，對我們旅人而言也是，如果你有想要在世界各地留下你的畫作的浪漫情懷，這是很好的交換。

該注意的是，要和老闆談一天的工作時數（我覺得最多四小時），因為要認清你主要目的還是要旅行，而不是幫他畫牆壁。

不知道要畫什麼嗎？

我曾經在內蒙古的一家旅館畫了青旅和周邊景點的位置分佈圖，上面標註距離和公車路線，這是很實用的資訊；在敦煌的旅館裡，我畫上兩個老闆娘的肖像，再寫上他們當初創辦青旅的理念，也是很好的紀念。切記，畫的本身還是要符合旅館的需求，這樣才能取得雙贏的局面。更重要的是，別忘了在右下角簽上自己的名字，和來自「台灣」！

「交換」是我很喜歡的旅行方式，彼此間少了金錢交易的隔閡，往往能有更緊密的連結，因為你知道他是真的喜歡你的創作，而你也是真心想要幫助他，我後來都和這些青旅老闆成了很好的朋友。

2、Couchsurfing（沙發衝浪）

Couchsurfing 是一個跟旅人交流的網站（也有 APP），大家都可以在上面註冊，寫下自我介紹和興趣、旅行過的國家、信念等等。旅行時你可以到網站或 APP 上找到同樣有註冊的人，瀏覽他們的資訊，如果害怕遇到色色的 Host，可以多看看住過的沙發客評論，選擇到喜歡的 Host（沙發主）之後，寄出住宿請求，若是對方同意請求，就可以免費入住他家囉！

為什麼 Couchsurfing 的用戶願意讓旅客來免費住一晚呢？Couchsurfing 的宗旨是讓人們更深入瞭解不同的文化，很多沙發客會帶自己國家的小東西送給 Host，像是做一道自己

我們是流浪藝術家
幫你畫肖像/彈吉他
10 mins
交換：洗澡、住宿、食物
故事或自由捐獻

國家的料理給 Host 嘗嘗，或是帶些特色小禮物（茶葉、明信片這種比較輕的東西，我則是繪畫一幅肖像送給 Host），更能夠促進交流喔！

Couchsurfing 除了住宿免費外，很重要的是你能透過當地人更了解當地文化，當 Host 有空時，還能帶你去一些更在地的地方走走。在一些治安比較差、常常騙遊客錢的國家，我就滿喜歡住 Couchsurfing 的，因為 Host 會告訴你最真實的行情，而當你身邊跟著一個當地人時，商家也就騙不到你了！

3、露營

在長途旅行時我會帶著帳篷和睡袋，找一處美景絕佳又人煙希少的地方住一晚，享受免費的獨立景觀房！我喜歡找靠近水的地方，隔天一早醒來，趁著四下無人好好沖個澡，和大自然融為一體，那是最高級的心靈享受！（切記，不要用沐浴乳洗髮精，才不會破壞生態喔！），如果害怕危險可以找露營區，供應熱水又安全，也不像旅館那麼貴，是省錢的好選擇。

「鷦鷯巢於深林，不過一枝；鼴鼠飲河，不過滿腹。」出自《莊子．逍遙遊》，鷦鷯鳥在深林中築巢，不過占用一枝之地足矣，何必要擁有整個森林？鼴鼠在河邊飲水，不過以喝飽肚子為限，何必要占有整個河流？

慾望是無窮的，人生能占有和使用的終歸有限，何必去追求那些身外之物呢？

在露營時我常常會想，如果我能在這裡住一晚，那為什麼不能住一週？如果能住一週，那為什麼不能住一個月呢？

物慾會慢慢降低，開始思考人生最重要的是什麼，而最該留下的又是什麼，一再循環這個過程之後，我常常都覺得自己是世界上最幸福的人。

行

如果能把住宿和交通都省下來，其實旅行根本不用花什麼錢啊！

我節省交通的方式是搭便車，怎麼搭？就把你的大拇指「高高」舉起來就好了！（要高一點，不然別人不知道你在幹嘛）有人會說該做張板子寫下目的地，我則認為那會讓很多「往那個方向卻沒有要到那麼遠」的人卻步，所以我通常都沒有做板子。車子停下來後，如果車主沒有要我的目的地，我也會請他載我一程，我到下個地點再繼續攔車就好，這樣也可以認識更多人喔！

建議的搭車地點是省道上或是高速公路口前，我會先搭公車到這些地點再開始攔車，選擇加油站前也不錯，車主有更多時間看見你，甚至和你交談過，確認對方都OK之後再上車。

關於危險性，我想這當然是相對不安全的，所以在上車前我會感覺車主的氣場，雖然這很抽象，但我的直覺往往都是對的。聽起來很沒說服力啦，那就讓我再教教大家幾招！

首先，你可以找一個男生和你一起搭（如果你是男生就不一定要了，兩個男生會降低搭到車的機率），當車停下來後，你可以先拍下他的車牌，並且故意讓車主看到，他就會有警覺。上車後，（假裝）打電話給朋友，說你現在到哪裡了，大概什麼時候會到，等等發車牌給朋友看，讓車主知道下一站有人在等你。最後開大絕！拿出包裡準備的水果刀，再拿出一顆蘋果開始削，善意地問車主要不要吃，讓他知道你有武器在身，別輕舉妄動！

那趟我在中國旅行三個多月，我發現我搭便車的路程竟有足足兩萬公里，大概是繞台灣

二十圈的里程，你想像那省了多少錢？

在新疆時曾經歷一次很有趣的搭便車經驗，我在路邊攔車，這時遠遠的看到一台警車朝我開過來，我有點緊張，想說他是不是要警告我這裡不能搭便車？他後來停在我面前要我坐進去，結果竟然把我載去巡邏！在這一個小時的過程中不斷對我做思想荼毒，洗腦我共產主義多好、民主體制多腐敗，就算很煩但能怎麼辦？我不能報警啊！我被警察綁架了！

一個小時後，他們把我再回到原地，我心想這一個小時我到底在幹嘛……不過他們好心找來他們的同事——交通警察，對他說：「這個小妹妹要去某地，你幫幫她！」後來只見這名交通警察把每一台經過的車攔下來，運用公權力幫我們找到可以到達目的地的車，讓我覺得好氣又好笑！

這幾年我搭過不少便車，從吉普車、牛車、馬車、甚至是腳踏車我都搭過，不過印象最深

刻的無非是在土耳其的那台車。

在土耳其路邊，我舉起大拇指，很快地有台大車停了下來，我趕緊跑過去，打開了他的後車門，發現裡面有一張床，我興奮地和車主說：「哇！是露營車欸！好羨慕啊！」他笑笑的沒說話。後來我坐在前座他的旁邊，我又和他說了：「我以後也想買一台露營車，開著它到處旅行！」這時候看到車主臉色不太對勁，我問：「怎麼了嗎？」他緩緩地說：「這……其實……是一台殯葬車……」那一秒，我的臉色比他還要不對勁，我語氣顫抖地問：「所以……剛剛那個床上……是有……屍體嗎？」我嚇出了一身冷汗，他這才說：「沒有啦！屍體早上已經運走了！」我終於能放心地好好搭車了。

搭便車在我的旅行中是很重要的過程，我不喜歡被規劃好的旅行，而搭便車往往能讓我經歷更多意料之外的事情發生。記得有一次在台灣搭到一台車，車主是做徵信社的，她最後在我下車前給我看了很多抓姦在床的影片，我真是大吃一驚！

對我而言，搭便車除了省錢之外，重要的是能認識更多不同的人。

Q：不會畫畫該靠什麼去旅行？

A：

完成一趟旅行不一定要在旅途中賺錢，如果你的旅行是想要達成一件有意義的事情，我很推薦你用募資平台，讓大眾幫助你一起完成；若是你純粹想完成一場壯遊，那也可以去寫一些計劃，像是雲門舞集的流浪者計劃。

書裡有提到我的一個丹麥朋友 Peter 是靠著挖金礦去旅行，而我是靠畫畫，還有沒有什麼其他技能可以環遊世界呢？我想大家都會把「技能」的門檻設定的很高，就像大家把「環遊世界」想像得很難一樣，其實沒有那麼困難，希望以下我提供給大家的方法能證明這點。

1、工作型

旅行中遇到很多人的工作是可以邊做邊旅行的，像翻譯、保險、作家等等，如果你剛好語言能力很強、人脈很廣、文筆很好，可以試試看這些工作，有定期收入，旅行也更輕鬆。

2、技能型

我看過不少人用不同方法旅行，有理髮師帶著一把剪刀和小板凳就能賺錢、有攝影師把自己拍的照片印出來讓客人隨喜捐款（其實手機拍出來的也可以）、有音樂家拉小提琴或彈吉他來賺旅費，但除了這些可能需要時間累積的技能之外，還有些不難學的技能，像是編髮、編手環。相信我，我才花十五分鐘就學會編髮了，有興趣可以上網查查怎麼做，因為繩子很輕、攜帶方便，所以這也是個很適合旅行的手藝喔！

3、買賣商品型

最常見的是幫忙朋友代購，不過關於海關的一些規定比較複雜，還有人在旅行中找甲地盛產的商品，帶到乙地去賣，再從乙地再批發一些特色商品到丙地去賣，要注意這個方法還是有囤貨的風險喔！

4、粉絲捐獻型

還有一種比較特別的方法，如果你是個有些人氣的部落客，可以寫明信片給粉絲，再讓他們自由捐獻，是種雙贏的方法。

5、宣揚文化型

身為台灣人的我們，最大的優勢是我們都會寫「繁體字」，也都曾在國小時學過寫書法，這就是能用來賺錢的好機會！怕英文講得不好？別擔心，你會講：「What's your name?」那就夠了。

外國人很喜歡華人的書法文化，更喜歡自己的名字被中文化，問了：「What's your name?」之後，如果它回答Peter，你就在事先準備好的紅色紙上寫「彼得」，一場交易瞬間達成，不花心力時間，還可以順利和外國人解釋紅色的意義和春聯的習俗從何而生，既可以賺錢又可以宣揚中華文化。

如果不想寫名字，在方形的春聯上寫下福字，再讓他們倒著貼在家門口，告訴他們：「Luck will come to your house!」我相信大部分的外國人都會覺得有趣的。

怕自己寫的不好嗎？老實說我一開始畫肖像也畫得挺糟的，我當時採取「依據你的經濟能力與喜好程度自由付款」方式，人們當成我的練習對象，讓我愈來愈好，而他們也能依自己喜歡的程度付款，是很公平的。

「不要害怕出糗！」這才是能順利賺到錢的重要心態！

6、洗遍天下型

最後，還有一個終極方法，很神！

有一本書叫做《洗遍天下》，它是真人真事。別擔心，他洗的不是錢，是任何人都會洗的東西——碗！作者開宗明義地講了：「我是個不太聰明又沒什麼才能的人，但我這輩子有一個夢想，環遊世界！」作者的執著很可愛，他就靠著洗碗洗遍了世界，因為碗是全世界只要有人就會出現的東西，而有碗的地方通常都會缺洗碗工！作者到每個國家先找洗碗工的工作，下班再去旅行，接著再到下個國家找洗碗工作，最後真的環遊世界了！

以上這些方法，你要說難可以很難，要說簡單其實也很簡單，完全取決於自己的心有多麼想達成夢想，若是你對夢想有極度的渴望，那麼就像《洗遍天下》的作者一樣，沒有錢沒有才華，也一定有方法可以達成。

Q：我常用的旅行 APP

A：

每個地區都有一些專屬的旅行 APP，從叫車（像是歐洲常用 blabla、東南亞用 grab）到攻略網（中國用馬蜂窩）都不一樣，這涉略太廣，我就先來談談那些到每個國家都能用的 APP。

1、Skyscanner：訂機票的比價 APP。

2、Booking／Airbnb／Hotelworld／Agoda／Couchsurfing：

四個都是訂住宿的 APP，我個人常用 Booking，因為某些訂好的住宿是可以免費取消的，旅行彈性可以比較大；Airbnb 比較偏向找民宿，背包客棧比較少；Hotelworld 和 Agoda 我比較少用，和 Booking 很類似；Couchsurfing 前面有介紹過喔！

3、TripAdviser：

國際性的旅遊評論平台，有各國景點的分門別類，還有旅人們的評價龐大資料庫，是各國背包客都很依靠的 APP。

4、行程助手：

對不擅長排行程的人來說是神器！APP 的標語是：「一分鐘的搞定你的攻略！」此言不假。先輸入旅行天數，再選定國家，接著他會列出這個國家所有觀光城市，包括多少人會去和適合待的天數，系統會幫你安排好最佳路線和天數，最後還會幫你安排可以去的景點，還會提醒你當時的天氣，真的是一分鐘就能搞定！

5、maps.me：

我最愛用的離線地圖APP。它是專門為旅人設計的地圖，會標記露營點、景點、觀景台等等，即使是山上小路也都會顯示路徑喔！我在旅行前會先把離線地圖下載下來，到當地就不用買網卡，如果要和朋友聊天，晚上回旅館再用WIFI就好，省了很多錢喔！

6、窮遊：

這個也是中國的APP，和行程助手是同公司的，超級強大！我覺得很類似「Lonely Panet」（《孤獨星球》，旅行者必讀的旅遊雜誌聖經），只不過是電子板的。一打開APP後會發現其實滿複雜的，不過我最常用「錦囊」功能，裡面有整理好的一系列資料，包含「關於此地」、「不可錯過」、「推薦路線」、「旅行日曆」、「實用信息」、「交通」、「安全」、「景點」、「餐飲」、「住宿」等等，只要找到你要去的國家的錦囊，下載之後，不用網路也可以看，就像一本《孤獨星球》在手，有它和maps.me一起使用，旅行暢遊無阻。

Q：支持你的信仰？

A：

我相信宇宙的力量，相信宇宙中有天使、高靈，相信冥冥之中有註定。

具體來說，我相信三件事，這些相信都並非空穴來風，都是我在漫長的旅途中漸漸被印證出來的。

「所有安排都是最好的安排。」

不須刻意行事，所有發生自有它的意義，當遇到好事，我誠心感謝；若遇到壞事，我知道是上天為了磨練我成為更好的樣子，所以我不再怨天尤人，只是專注於如何突破它。

當我錯過了一班車，我不難過，因為我知道這是上天要讓我遇上某些人；當我擺攤被趕，我知道上天要我學習還能如何賺錢，甚至是訓練我運用更少錢旅行。

所有安排都是最

好的安排，因為沒有發生這些，我不會變成現在的自己。

「心的狀態是好的，就會有好事發生，反之亦然。」

我們每個人都是一個能量體，你的心就像是一台收音機一樣，當你發射的頻率是好的，那你自然會接收到好的能量；當心的狀態是不好的，收到的能量自然比較差。

但是要一直維持好的心態真的很困難，當我自己處在不好的狀態時，我會讓自己靜坐，好好活在當下，當你活在當下時，你會發現發生的所有事都是中性的，沒有好沒有壞，它就只是發生而已，而感受是你加上去的，就像你蓋上一層藍色玻璃紙，你看什麼都會覺得憂鬱，你需要做的是靜下來，然後感受這個憂鬱，再告訴自己：「好！我知道這是憂鬱了！現在該停止了！」慢慢將藍色玻璃紙撕下來，回歸到平穩的狀態。

若是沒辦法停止憂鬱，那就先讓自己大睡一覺吧！睡了一覺隔天還是會回到精神滿滿、能量滿滿的自己！保持樂觀的心，那就是好事發生的關鍵！

「只要你心無雜念地祈求某事，它必然發生。」

就像《秘密》書中的提到的吸引力法則那樣，也像是《牧羊少年的奇幻之旅》寫的，只要你

真心渴望一件事，那全宇宙都會幫助你。只要心是純淨的、不貪心的、不過份的，真心渴求某件事，開啟善意的電波，那麼天使會圍繞著你，達成一切，這份信仰讓我度過重重難關。

當我決定要去非洲時，我發現戶頭裡的錢還不太夠，當時我用意念誠心祈求上天，神奇的事發生了，我在一週內就接到了三個設計的案子，瞬間多了十萬元的收入，這些錢不多也不少，去了非洲七個月後，我回到台灣戶頭剛好空空如也，宇宙不會給你太多，但絕對會給你真正需要的、剛剛好的。這樣的事情頻頻發生，已經多到了像是「定律」一般，這是種很奇妙的感覺。

純粹的渴望是一個重點，卻也不是太簡單，因為我們常常會貪心。比如說你希望能中樂透，為什麼呢？因為你想要過上好日子、想要揮霍、想要懶散不工作，這樣的渴望通常不會實現的，而若是你騙宇宙說「沒有啊！我是要幫助別人！」這也沒辦法，因為宇宙能認清你最真實的樣子，只有當你真正發自內心有最純粹的渴望時，它才會發生；如果你的渴望是善意的，是能對他人有好的影響的，那發生的機率又會更大，宇宙甚至給你的會更多。

Q：因為害怕或擔心，而不敢做自己想做的事該怎麼辦？

A：

聽過一個故事嗎？有一隻狗他非常的口渴，牠走到湖邊想要喝水，卻看見湖面上有另外一隻狗，牠害怕的對那隻狗狂吠，隨即那隻狗也對他狂吠，他緊張地退了幾步，又偷偷湊到湖邊，牠發現那隻狗也在偷看牠，最後因為牠對喝水的巨大渴望，牠戰勝了恐懼，跳進水裡，倒影馬上消失了。

這個故事帶給我很大的啟發，原來恐懼是自己生成的，而那是虛幻的，但是當你極度渴望一件事，你就能戰勝自己內心的恐懼。你可以為自己的恐懼找各種理由和藉口，但是你想成為怎麼樣的人呢？

對我而言，與其去想著如何戰勝恐懼，不如去想你有多渴望這件事發生，若你發現你極度渴望，恐懼又如何？那只是一個過程。

很多時候我也是會害怕的，當很多人稱讚我有多勇敢時，我都不知道怎麼回應，在飛機剛登陸到一個不熟悉的土地上時、在夜間獨自行走在沒有路燈的小徑時、在荒郊野外獨自一人的小帳棚裡時，我都感覺自己根本不勇敢，我怕死了！

記得在那個悶熱的夏天，我在西門紅樓擺攤，我的客人替我買了個便當，告訴我：「別太累了，要記得吃飯。」我和他道謝後也沒乖乖聽話，畫到西門紅樓燈熄了之後，我才拿起那盒已經不再熱的便當盒，發現上面貼了張便條，寫著：「勇敢不是無所畏懼，而是帶著信心走下去。」

在空無一人的西門紅樓，我默念著紙條，自己對自己說：「勇敢不是無所畏懼，而是帶著信心走下去。柔安，你的勇敢並不是什麼都不怕，而是就算很害怕，還是會帶著信心告訴自己『你一定可以的！』，再繼續走下去，這才是真正的勇敢。」唸完之後，眼睛像忘了關的水龍頭，怎麼樣都止不住淚水，在黑夜中的西門紅樓，哭得不能自已。

這是第一次，我覺得我是那麼貼近「勇敢」這兩個字。

會害怕、會擔心那是正常的，會恐懼也是正常的，但你總要學會看清那些恐懼，再告訴自己你可以做到，因為能阻止你的，就只有你自己而已！

Q：對於想要變成的樣子沒有自信怎麼辦？

A：

我想告訴你一個「階梯理論」。

「階梯理論」（是我自創的啦）——那些看起來能以達成的成就、站在高處的人們，其實都是一階一階爬上去的。

可能有些人會覺得邊畫畫邊旅行是件難以達成的事，但用階梯理論來看就也「不過如此」而已。在五年前因為失戀而一個人旅行蘭嶼、在海外志工隊第一次畫外國人、在學校的藝術節裡不小心當了街頭藝人、在畢旅有朋友陪同下再次擺攤、畢業後先去東南亞自助，再到中國、蒙古、印度、歐洲，最後才敢到非洲。如果你在五年前我失戀時要我馬上飛去非洲，我肯定會翻你一百個白眼，再叫你滾！滾遠一點！說什麼屁話！

沒有任何成就能一簇可及，也沒有任何真正刻骨銘心的風景靠開車就能看到，只有腳踏實地，一階一階地爬，不急不徐地鼓勵自己向上，直到你爬累了，擦去額頭上的汗水，往下一看，才會發現自己已經不知不覺爬上高處了呢！這時樓下的人可能會用崇拜的眼神仰望你大喊著：「欸！你怎麼那麼厲害！真是遙不可及！」這時你會會心一笑，想著，樓梯在每個人的腳下啊！你們以為的遙不可及也只是扎實地多爬了幾階樓梯，如此而已。

「無論人生上到哪一層台階，階下有人在仰望你，階上亦有人在俯視你。你抬頭自卑，低頭自得，唯有平視，才能看見真正的自己。」——楊絳

其他人在階梯的哪一層並不重要，重要的是專注於自己「想要爬到哪一層」，一步一步慢慢走，總會到達你想到達的地方。

給渴望出走的你一席話

你永遠可以回來，所以待在這裡不該是阻止你離開的理由，因為你永遠可以回來。

「如果人生有八十年，那麼花個一兩年好好闖蕩又如何？」這一兩年會讓你往後的三、四十年或五、六十年，活得更坦蕩蕩、更瀟灑、更知道自己要什麼，再怎麼想都是一場完美的賭注吧？

我沒錢，所以邊畫畫邊旅行

帶著一支畫筆，一顆開闊的心，勇闖世界

作　　者　陳柔安
插　　畫　陳柔安
插畫翻拍　楊志雄
編　　輯　吳雅芳
校　　對　吳雅芳、陳柔安
美術設計　劉庭安

發 行 人　程顯灝
總 編 輯　呂增娣
主　　編　徐詩淵
編　　輯　吳雅芳、黃勻薔
　　　　　簡語謙
美術主編　劉錦堂
美術編輯　吳靖玟、劉庭安
行銷總監　呂增慧
資深行銷　吳孟蓉
行銷企劃　羅詠馨

發 行 部　侯莉莉
財 務 部　許麗娟、陳美齡
印　　務　許丁財
出 版 者　四塊玉文創有限公司

總 代 理　三友圖書有限公司
地　　址　106 台北市安和路 2 段 213 號 9 樓
電　　話　(02) 2377-4155
傳　　真　(02) 2377-4355
E-mail　service@sanyau.com.tw
郵政劃撥　05844889 三友圖書有限公司

總 經 銷　大和書報圖書股份有限公司
地　　址　新北市新莊區五工五路 2 號
電　　話　(02) 8990-2588
傳　　真　(02) 2299-7900

製版印刷　卡樂彩色製版印刷股份有限公司

初　　版　2020 年 01 月
一版二刷　2022 年 10 月
定　　價　新臺幣 380 元
ISBN　978-986-5510-00-8（平裝）

國家圖書館出版品預行編目(CIP)資料

我沒錢，所以邊畫畫邊旅行：帶著一支畫筆，一顆開闊的心，勇闖世界 / 陳柔安作. -- 初版. -- 臺北市：四塊玉文創, 2020.01
面；　公分
ISBN 978-986-5510-00-8(平裝)

1.旅遊文學 2.世界地理

719　　108020491

BR
HIGHEST POINT THE
SRINAGAR-LEH ROAD
762